KB071134

의사의 사생활

의사입니다만 놀기도 합니다

의사의
사생활

박미정 지음

《 워 라 밸 을   찾 아 나 선   다 섯   의 사 》

지식공감

쉼, 취미의 미학

초등학교 무렵 미술 시간이 기억난다. 50명도 넘는 아이들이 꽉 차 있던 80년대의 교실. 추운 겨울이었는데, 그 교실 한가운데에는 난로가 있었고 난로 위에 놓여있는 노란 양은주전자에는 보리차가 보글보글 끓고 있었다. 선생님은 아이들에게 두꺼운 마분지로 만들기를 시키셨다. 주제가 무엇이었는지는 기억이 나지 않는다. 옆에 앉은 내 짝꿍은 마분지 위에 보슬보슬한 강아지를 그리고 있었고 뒤에 앉아 검정 머리를 양 갈래로 곱게 딴 여자 친구는 그 모습에 어울리지 않게도 각진 로봇을 그리고 있었다. 나는 막상 무엇을 그릴 줄 몰라 우물쭈물하고 있다가 교탁 위에 놓인 작은 화분을 그리기 시작했다.

그림을 다 그리고 오려 색칠까지 끝낸 후 집에 가져와 내 책상 위에 세워 놓았는데 문득문득 딴짓을 하다가도 그것을 보면 기분이 좋아졌었다. 내가 일부러 그런 것이 아니었는데, 종이로 만든 화분에는 노란 꽃이 피어있었고 분홍 꽃도 피어있었다. 훌륭하게 완성을 하려 했던 것은 아니었지만, 나름 괜찮다고 느껴졌던 나의 작은 작품. 그때가 처음이었던 것 같다. 내

손으로 무언가를 완성했을 때의 기쁨을 가졌던 것은.

그런데 지금 어른이 되어 돌이켜 보니 미술 시간에, 놀이터에서 촉촉한 모래를 만지며, 좋아하는 만화 영화를 보며, 피아노를 치고 노래를 흥얼거리며, 친구들과 함께 춤을 추고 고무줄놀이를 했던 그 모든 활동은 미래의 어른인 내가 '진정한 휴식'을 필요로 할 때 기억하라고 주어졌던, 내가 고를 수 있는 취미를 위한 많은 연습 중 하나이지 않았나 싶다.

하루를 그저 버티다시피 살아가고 있는 우리에게 진정으로 필요한 것은 무엇일까. 그 질문에는 누구도 주저하지 않고 바로 '휴식'이라고 답할 수 있을 것이다. 가만히 아무것도 하지 않는 것을 진정한 휴식이라고 할 수도 있겠지만 나를 능동적으로 움직이게 하면서도 즐거움과 행복을 주는 활동을 할 때도 우리는 그것을 휴식으로 느끼곤 한다. 그리고 그 능동적인 휴식을 가능하게 해주는 것을 바로 '취미'라고 일컫는다.

취미의 사전적 의미는 '전문적으로 하는 것이 아닌, 즐기기 위해 하는 일, 아름다운 대상을 감상하고 이해하는 일'이다. 우리가 삶에 찌들고 활력이 부족할 때 잠시나마 시간을 내 취미 활동을 하는 동안만큼은 진정한 재미를 느끼며 나 혼자만의 온전한 즐거움을 느낄 수 있다는 것.

이 책에서 만나는 의사들은 자신만의 방법으로 즐겁고 행복하게 취미를 즐기는 사람들이다. 하지만 그들을 볼 때 의사라고 하는 직업의 무게에 대하여도 생각하게 된다. 흔히들 의사라고 하면 흰 가운을 입고 멋지게 진료하는 것만 상상할 수 있지만 실상 그들이 느끼는 직업의 무게는 꽤 묵직한 편이다. 일단 매일 아픈 사람을 만나야만 한다는 것과 그들을 치료해야 한다는 책임감과 의무감에서 오는 스트레스는 적지 않은 것 같다. 게다가 요즘 매스컴에 등장했던 의사들의 인권에 대한 크나큰 사건들을 보고 있자면 그들의 직업도 마냥 멋있고 편안해 보이지만은 않는다.

그런 의사라는 직업을 가진 사람들이 자신의 삶에서 휴식을 찾기 위해 선택한 취미는 무엇일까. 이 책에서 소개하고자 하는 분들은 많은 돈을 투자해야만 즐길 수 있는 화려한 취미를 가진 사람들이 아니다. 하나의 취미를 즐기기 시작하면서부터 현재에 이르기까지 그 취미가 자신의 삶에 천천히 젖어들어, 단순한 활동만이 아닌, 오랜 시간 동안 곁에 둔 또 하나의 벗이라고까지 느낄 수 있는 것. 그것이 그들이 말하는 '자신만의 취미'였다.

『의사의 사생활』은 다섯 명의 의사들이 가진 독특한 취미가 그들의 인생에 어떠한 영향을 주고 있는지, 그들은 자신의 취미를 통해 어떻게 스트레스를 해소하고 살아가고 있는지에 관한 인터뷰가 담긴 책이다.

나는 다큐멘터리 방송작가로 잠시 활동하며 의사라는 직업을 가진 사람들을 자주 만나보았고, 이후 병원에 13년간 근무하면서는 늘 가까운 곳에서 그들을 지켜보았다. 오랜 시간 동안 곁에서 지켜봐 온 그들의 삶이 그리 녹록하지만은 않다는 것을 나는 알고 있었지만, 그들 중 몇몇은 꽤나 독특하고 재미있는 취미를 통해 자신의 삶을 참 즐겁게 살고 있다는 것도 알고 있었다.

그리고 어느 날 문득, 그들에게 취미란 무엇인가에 대한 질문을 던져 그들이 답하는 그 의미를 독자들과 함께 나누고 싶었고 그렇게 이 책『의사의 사생활』을 시작하게 되었다.

　독자분들이 이 책을 읽으며 의사라는 직업을 가진 사람들은 어떤 삶을 살아왔고, 또 어떻게 현재를 살고 있는지, 자신과 다른 직업을 가진 사람들에 관한 이해를 하는 시간을 가져보길 바란다. 그리고 나아가 우리 모두에게 취미가 어떤 의미인지 한번 생각해 볼 수 있는 계기도 가지게 되면 좋겠다.

　한 가지 더 저자로서 욕심을 내자면, 예비 의사 혹은 현직의사인 분들이 이 책을 읽고 나서, 취미생활을 즐기는 것이 의사로서의 삶을 풍요롭게 만들어 주기도 한다는 것을 느끼게 되었으면 하는 바람이다.

　다섯 분의 의사 선생님들을 만나는 동안 그분들이 의사가 되기 위해 걸어왔던 길과 삶에 관한 이야기를 들으며 나는 너무나 즐겁고 행복했다. 보통 책을 읽는 것을 내가 가보지 못하는 미지의 세계에 관한 경험을 하는 것이라고 하는데, 나는 책을 쓰기 위해 그분들을 만나 새로운 경험을 하게 되었음에 참으로 감사한 시간을 보냈다. 그래서 이 책을 읽는 독자분들도 나와 같은 즐거움을 느끼셨으면 좋겠다는 마음으로 인터뷰를 엮어 나갔다.

그럼, 이제 병원 밖에서 다섯 명의 의사들이 선택한 행복한 취미를 함께 즐겨 보시길.

차례

성숙이란,
어릴 때 놀이에 열중하던
진지함을 다시 발견하는 데 있다.

- 니체 -

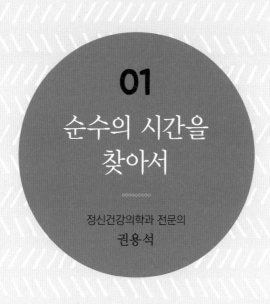

01

순수의 시간을
찾아서

정신건강의학과 전문의
권용석

*

그런 날이 있다. 한없이 우울해지고 기분은 바닥으로 가라앉는 것만 같은. 오늘따라 날씨도 좋은 것 같지 않다. 창밖으로 보이는 하늘은 잿빛이고 금방이라도 비가 내릴 것 같이 구름이 가득 끼어 있다. 날씨가 덥다면 습도마저 높아 불쾌지수까지 올라가고, 만일 날씨가 쌀쌀하다면 살갗으로 스며드는 바람이 목을 타고 흘러들어 마치 심장이라도 쿡쿡 찌르는 듯하다.

요즘 따라 우울한 나를 걱정해주는 가족이나 친구들의 전화도 귀찮다. 하는 일은 하나같이 엉망인 듯 보이고 나는 어디로 가야 할지, 어떻게 살아야 할지 막막하기만 하다.

이러한 우울감이 한동안 지속된다면 우리는 그것을 스스로 '우울증에 걸린 것이 아닐까?' 생각해 의사를 찾아가기로 마음을 먹을 수도 있겠다. 아마도 상태가 이 지경까지 오긴 했어도 의사를 만나겠다는 의지가 생긴 것 자체는 매우 희망적일 수 있다. 누군가 그러지 않았던가. 내 병을 아는 것 자체가 이미 반 이상은 낫게 된 거라고.

하지만 아직도 우리는 정신건강의학과에 찾아가는 일을 그리 당당하게 여기지는 않는 것 같다. '나 배가 아파서 내과에 다녀왔어.'라는 말은 크게 할 수 있어도 '나 마음이 아파서 정신건강의학과에 다녀왔어.'라는 말은 쉽사리 입 밖으로 나오지를 않는다. 우물쭈물, 우리는 그렇게 내 안에 있는 마음이라는 연약한 유리알을 감추기 바쁘다.

가슴 속에 있는 나만의 작고 투명한 유리알은 누군가를 진심으로 사랑할 때 반짝반짝 빛이 나곤 했다. 미래에 대한 꿈으로 날아오를 듯했던 아침의 첫 출근길엔 그 유리알은 내 가슴 속에서 경쾌하고 맑은 소리를 냈고. 하지만 뜨거웠던 사랑 뒤에 갑자기 찾아온 이별, 기대를 꺾어버린 무거운 일상의 그림자는 점점 그 속에서 검게 차올라 투명한 유리알을 어둡게 잠식해가고 있다. 이제는 더 이상 내 슬픔을 숨길 수가 없고, 감당할 수도 없다. 혹시나 내 마음이 아픈 걸 누가 알게 되면 어쩌지? 나의 연약함이 타인에게 탄로 날까 봐. 우리는 스스로 움츠리고 경계를 할 뿐이다.

감기에 걸려서, 다리가 아파서, 머리가 아파서 찾는 의사에게는 보통 '아파요. 빨리 낫게 해주세요.'라는 마음으로 가는 것이 보통이지만, 정신건강의학과 의사를 만난다면 우리는 어떤 말을 먼저 해야 할까? 아니, 어쩌면 마음을 고치는 병원에 찾아가는 것 자체가 조금은 두렵고 무서운 일일 수도 있다.

하지만 권용석 원장은 그렇게 한없이 움츠린 환자들에게 먼저 다가가는 의사다. 올해 개원 2년 차. 아직 새내기 개원의로 본인을 먼저 소개하는 그. 만일 병원이 아니라 사석에서 그를 만난다면 의사라는 정형화된 느낌보다는 성실한 직장인과 비슷한 친근한 이미지를 가졌다고 생각할 수 있을 것이다.

의사의 사생활

권 환자분들이 병원에 오시면 제가 먼저 말을 걸죠. 어떤 것
이 불편해서 오셨는지 일단 물어보고 환자분의 현재 증상
과 상태에 대해서 들어요. 잘 들어야죠. 그리고 들으면서
마음속으로는 끊임없이 생각합니다. 특히, 처음으로 내원
하신 환자는 긴장을 느끼고 불편해하기 때문에, 되도록 첫
진료에서 좀 더 편안하게 다가가려고 애쓰는 편이에요.

많은 분이 아직도 정신건강의학과에 내원한다는 것에 대
한 편견을 가지고 계시죠. 압니다. 그래도 요즘의 저희 과
이미지는 예전보다 훨씬 더 좋아진 편이라고 생각해요.

우리나라에서 정신건강의학과 진료를 시작한 것이 100
년이 채 되지 않습니다. 지금은 정신 건강적인 여러 가지
질병에 대한 일반인의 이해가 많이 높아진 편이에요. 하지
만 예전에는 정신건강의학과 진료를 받는다고 하면 주변에
서 이상한 시선으로 보곤 했습니다. 우리 과에 대한 편견
과 정보에 대한 부족, 그리고 공포심이 진료 자체를 부정적
으로 인식하도록 만들었던 것이죠.

예를 들어, 예전에는 조현병 환자를 그저 '미쳤다'라고만
부르지 않았습니까. 그래서 어느 마을에서는 미친 사람이
있다고 하면 그 사람을 두고 '귀신에게 씌었다.'라고 해서
굿을 하거나, 고칠 수 없는 역병이라고 치부하곤 했었지
요. 그전부터 질환이라는 것이 분명히 있었지만, 치료법을
개발한 지 얼마 되지 않았기 때문에 당연히 그에 대한 이

해가 부족했던 것이죠. 그나마 현재에 와서라도 이만큼 정신건강의학과에 대한 이해가 널리 퍼진 것이 감사한 일입니다.

　요즘은 마치 감기 진료를 받으러 오듯 젊은 20대, 30대 분들도 많이 오시거든요. 예전에는 병원을 잘 찾지 않던 문제였던 이별이나 이혼 등의 문제로 내원하시는 분들도 계시죠. 마음은 고통스럽지만 약을 먹어야 하는 이전의 상태에서 저를 찾는 분들도 많아졌습니다. 상당히 긍정적인 인식의 변화라고 생각합니다. 다만 아직도 많이 아쉬운 점은 정신건강의학과 진료를 받은 기록이 채용시험이나 보험 가입에 있어서 악영향을 끼칠 수 있다는 공포가 남아있는 것이에요. 정말 안타까운 현실이죠. 내원하고 싶지만, 진료 자체에 대해 환자가 부담을 갖는 이미지가 가장 큰 이유라고 할 수 있습니다.

　정신건강의학과 진료는 세대를 거듭하면서 최신의 의학적 치료법과 함께 환자의 증상 또한 날로 변화하고 있다고 한다. 예를 들어 망상 환자의 경우 예전에는 '자동차가 나를 쫓아온다.'라는 망상으로 병원을 찾았다면, 요즘에는 '스마트폰 안에 나를 추적하는 프로그램이 있다'라는 이전과는 변이된 형태의 망상으로 찾아오는 환자들이 생겼다는 것. 또한, 최근 SNS의 발달과 더불어 파생되고 있는 정신건강 문제도 많아지고 있다.

그래서 정신건강의학과 의사도 세대의 흐름과 유행을 파악해 진료를 하고 환자들의 상태를 살핀다. 다른 의사들과도 끊임없는 교류를 하고 환자의 다양한 케이스도 연구한다. 그래야, 환자의 작은 변화를 살피고 의사로의 책임을 다할 수 있다고 권 원장은 말한다.

권 2015년에 간통법이 폐지된 후 사람들은 배우자의 부정행위 자체에 대한 인식이 흐려질까 걱정했지만, 오히려 병원에서 제가 봤던 환자 중에는 상간녀 소송을 당할까 두려워하는 감정이 불안증으로 발전하여 내원한 환자도 있었습니다. 중·고등학생 중에서는 SNS에서 집단 따돌림을 당해 내원하는 경우도 종종 있고요. 세상이 급격하게 변화하면서 정신건강의학과 질환도 그에 따라 변화하고 있어요. 그래서 그런 환자들에게 의사로서 도움을 주려면 제가 그들이 말하는 대부분의 경우들도 다 이해하고 있어야 하니까, 저도 평소에 세상의 흐름에 관하여도 관심을 가지고 늘 깨어있어야 하는 것 같아요. 그러면서 동시에 과거 진료에 관한 기억도 잊지 않아야 해요. 저 또한 그 기억을 떠올리면 아프지만, 제가 봤던 첫 번째 환자를 항상 기억하려고 합니다.

　　저의 첫 번째 환자는 대학병원에 있을 때 우울증으로 내원하셨던 남자 환자분이었어요. 하지만 나중에 알고 보니 그분은 우울증 환자가 아니었습니다. 그분은 저를 만나기 전 몇 번의 입원을 하셨다가 퇴원을 하시고 외래 진료를 받으셨는데, 마지막 진료일로부터 2, 3주가 지나서도 오지 않으셔서 제가 걱정을 많이 했습니다. 그런데 나중에 알고 보니 다른 병원에서 조현병(정신분열병) 진단을 받으셨더라고요. 그때 그 환자분 상태에 대한 저의 이해가 부족했기 때문에 환자가 제대로 된 진단을 받기까지 고생하신 것을 생각하면 마음이 아픕니다. 늘 가슴속 깊이 두고 생각하는 환자예요. 그래서 그다음 환자분들을 볼 때는 내가 놓치고 있는 부분이 없는지 생각을 많이 합니다. 잘 모르거나, 의심스러운 부분들은 선배님들께 조언을 꼭 구하기도 하고요.

몇 해 전부터는 정신과 의국 동문 선후배 원장님들끼리 뇌 과학책을 읽고 의견을 나누는 모임을 하고 있습니다. 저희도 정신건강의학과 의사이긴 합니다만, 혼자서만 읽기에는 다소 어렵고 무거운 주제들을 가진 책들도 있거든요. 그런 서적을 읽고 드는 생각들을 다른 원장님들과 함께 나누다 보면 좀 더 깊이 있게 이해할 수 있더라고요.

작년에는 함께 조지프 르두의 『불안』이라는 책을 읽었었는데요. 어렵다고 소문난 책이지만 '한 달이면 충분히 읽겠지.'라고 생각하고 제가 추천한 책이었어요. 그런데 막상 읽고 보니 내용 자체가 매우 방대해서 모임의 원장님들이 더운 여름에 고생을 시킨다고 우스갯소리들을 하셨죠. 하지만 저희의 이런 경험들이 환자들에게 도움이 되는 치료로 돌아갈 수 있다는 생각에 다들 열정적으로 참여하고 있습니다. 모임에서 함께 나누었던 책의 내용은 제 블로그에 올리기도 하고 있어요. 책에 관한 간단한 소개와 그 책을 읽고 내린 결론, 생각 등을 길지 않게 정리하는 편인데, 가끔 뇌 과학에 관한 책을 접하기 위해 제 블로그를 찾으시는 분들에게 반응이 좋더라고요. 가능하면 정신건강의학과 의사로서도 제가 나눌 수 있는 지식은 그 지식이 필요하신 분들과 함께 나누고 싶습니다.

자신의 부족한 점을 스스로 인지하고 채우려 노력한다는 것, 그리고 그것을 숨김없이 솔직하게 드러낼 줄 안다는 것은 의사로서 가질 수 있는 '겸허한 용기'다. 어쩌면 그 용기가 환자들을 치료하는데 권 원장만의 가장 큰 장점이 될 수 있지 않을까.

하지만 문득 모든 직업은 다 저마다의 장단점이 존재할 수 있겠지만 특히 정신건강의학과 의사라는 직업이 많이 힘들겠다는 생각이 든다. 타인의 정신적인 고통에 공감하며 동시에 의사로서 정확한 진단을 통해 치료해야 한다는 것에는 커다란 심적 부담감이 뒤따를 수 있지 않을까. 그래서 그에게도 환자의 고통을 포용할 수 있는 의사로서의 용기의 이면에, 그 또한 인간이기 때문에 가질 수 있는 '스트레스'라는 것이 있는지 궁금해졌다.

권 스트레스요? 당연히 있죠. 하지만 제 경우에는 환자를 치료하는 의사로서의 스트레스는 그렇게 큰 것 같지는 않아요. 환자를 치료하기 위해 가지는 고민은 의사로서 당연한 의무이기 때문에 그것은 제가 늘 감당해야 하는 부분이고요. 오히려 제가 스트레스를 받는 부분은 병원을 운영하는 부분이더라고요. 개원의로 지내다 보니 처음에는 엄청 힘들었습니다. 개원의의 가장 어려운 점이 무엇인 줄 아세요? 바로 '혼자 모두 해야 하는 것'입니다. 직원 관리해야죠, 시설도 제가 직접 다 관리해야죠, 세금과 회계에 대해서도 알아야 합니다. 또 요즘에는 사람들이 인터넷을 통해 병원을 알아보고 내원하기 때문에 원장 스스로 인터넷 마케팅도 해야 합니다. 많이 힘들었죠. 하지만 지금은 조금 안정기에 접어들었어요. 그래서 이제는 제가 정말 좋아하는 취미생활도 제법 집중하여 많이 하고 있습니다.

  그의 취미는 '프라모델'을 만드는 것이다. 의사 선생님이 가만히 앉아서 장난감 같은 것들을 조립한다고 생각하니 재미있기도 하고 조금은 어색한 느낌도 든다. 아마 나에게도 직업에 대한 편견이라는 것이 있었나 보다.

권 프라모델은 정식 명칭이 플라스틱 스케일 모형이에요. 한 마디로 축소해서 만들었다는 건데 플라스틱으로 만들었다고 해서 일본에서 프라모델이라고 부르기 시작했어요. 플라스틱으로 만들어진 제품을 가지고 본인이 조립하는 거죠. 제가 알기로는 1930년대에 영국에서 처음 만들었고 전쟁이 끝나면서 남긴 전쟁 무기 같은 것들을 이미지화하여 만든 전투기 탱크, 병사들 그리고 공상과학에 이르기까지 축소해서 조립을 필요로 하는 것을 프라모델이라고 통칭합니다.

저는 정식 취미로 시작한 것은 초등학교 5학년 때부터였던 것 같아요. 사실 제 나이 또래의 남자아이들은 문방구에서 구석에 있는 프라모델들을 그 당시에 수없이 보고 만들었어요. 자동차부터 시작해 로봇 등의 대부분 만들 수 있는 모든 조립식 장난감들을 만들었죠. 그러다가 제가 정식으로 조립하고 도색도 하고 완성을 한 것은 초등학교 5학년 때부터였어요. 그 이전에도 문방구 표 프라모델 만드는 것을 좋아하기는 했었죠. 하지만 저학년의 손동작이 그렇게 구체적으로 만들 수 있는 수준이 아니었고 그때는 제가 만들다 잘 안되면 사촌 형에게 부탁해서 만들어 달라고 떼쓰는 정도였어요. 그러다가 5학년 무렵 손이 어느 정도의 세밀한 조작이 가능해지니까 제가 만드는 데도 재미가 붙었어요. 의사인 제 본업보다 더 오래되었다고 할 수 있겠네요. 초등학교 때부터 꿈이 의사였지만 이런저런 만들기를 너무 좋아해서 어머니께 꾸중도 많이 들었죠. 공부 안 하고 자동차만 만든다고.

문방구에서 산 작은 프라모델 상자를 열어 조립하는 어린 권 원장의 모습을 떠올려 보았다. 호기심이 가득한 눈을 가지고 작은 손으로 장난감을 만지던 그 꼬마는 이제 커서 정신건강의학과 의사가 되었다.

권 원장의 첫 작품이었던 타미아 CG901.
옛 추억을 떠올려 어른이 되어 다시 구입했다.

권 그렇게 제가 만들기에도 관심이 있었지만, 생명체에도 관심이 많았어요. 초등학교 때 현미경으로 양파 껍질 관찰하는 거, 곤충이나 파충류 해부하는 거, 혹은 그런 것들을 보는 것이 너무 재미있는 거예요. 그러다가 조금 더 커서는 뇌가 제일 궁금했어요. 딱히 정신건강의학과 의사를 해야겠다, 이런 것은 없었는데, '뇌를 연구해 보고 싶다.'라는 생각은 했었던 것 같아요.

하지만 중학교 3학년까지 프라모델을 하다가 이것을 계속하면 대학은 못 가겠다 싶어서 사실은 그만두기도 했었어요. 그래도 못내 아쉬워서 어머니 몰래 프라모델을 만들다가 칼에 손이 베인다든지 접착제에 손이 다 붙어버린다든지 다친 적도 많았어요.

후에는 대학을 갔어도 의대니까 학업량이 많아 프라모델에는 손을 못 대고 공부만 했었죠. 나중에 본과 가서 자취하면서 이제는 아무도 뭐라는 사람이 없으니까 다시 시작했고 그다음에는 국시 공부하느라 다시 프라모델을 접었고. 그리고 한참 뒤인 군의관이 된 2012년 가을부터 프라모델 만들기를 본격적으로 시작했어요. 그때부터는 그 과정을 제 개인 블로그에 담기도 했습니다.

프라모델에 대한 추억을 얘기하는 권 원장의 눈빛이 반짝반짝 빛이 났다. 순간 나는 권 원장의 얼굴에서 언뜻 스쳐지나가는 개구쟁이 소년을 본 것 같아 무척이나 반가움을 느꼈다.

흔히 프라모델을 만드는 사람들을 '키덜트(Kidult)' 혹은 '철들지 않은 어른'으로 생각을 한다. 특히, 키덜트는 요즘 성인들이 추구하는 재미와 어린이와 같은 판타지 등의 가치가 하나로 나타난 컨셉이라고 할 수 있다. 다른 의미로는 어린이들이 주로 볼 법한 만화나 캐릭터 등에 열광하는 어른들을 주로 일컫는 말이기도 하다. 요즘의 성인들이 팍팍한 현실에서 벗어나 동화적인 향수가 섞인 삶을 찾고자 하는 심리에 기반을 두며 옛 향수에 대한 환상을 통해 본인의 스트레스를 해소하려는 사회현상으로도 받아들여지고 있다. 이런 키덜트가 집착하는 제품들은 프라모델이 될 수도 있고 만화영화의 주인공이나 공상 과학적인 모델들도 될 수 있다.

최근 키덜트들을 겨냥한 상품들의 판매도 많은 인기를 끌고 있다고 한다. 키덜트가 좋아하는 이미지가 '복고'라고 할 수 있는데, 장난감뿐 아니라 성인 여성의 화장품이나 의류, 식품에 이르기까지 키덜트를 겨냥한 제품들도 넘쳐나고 있다. 그만큼 우리 어른들은 스트레스를 해소하고자 옛 향수를 찾는 것으로 보인다. 순수한 어린이였던 그때 나의 이미지, 많이 놀고 많이 배우며 성장하던 행복한 어린 시절을 그리워하며.

하지만 권용석 원장의 취미로 살펴본 '프라모델'이라는 취미는 그저 키덜트들의 전유물로만 여기기에는 매우 그 가치가 낮게 평가되었다는 것을 느낀다. 마치 예술 작품을 빚어내듯이 하나를 처음부터 끝까지 완성한다는 것과 작업자의 엄청난 인내와 세심한 노력이 필요하다는 점에서 말이다. 프라모델은 그렇기에 엄연한 마니아적인 취미의 한 장르로 보는 것이 맞을 것 같다.

일단, 이 취미를 즐기기 위해서는 만들고자 하는 모델에 관한 깊은 이해를 갖는 것이 필요하며 며칠 혹은 몇 달이 걸리든 끝까지 만들겠다는 굳은 의지까지도 필요하겠다. 그리고 그 과정을 견디어야 하는 인내와 집중력도 요구되는 꽤 까다로운 취미라고 할 수 있다. 실제로 많은 사람이 이 취미를 우습게 보고서는 '나도 저런 장난감 한번 만들어보지 뭐!'라고 호기롭게 덤볐다가 자동차 바퀴 하나도 제대로 끼지 못하고 실패하기 일쑤다. 하나의 작품을 완성하기까지는 프라모델에 대한 전문적인 지식과 이해도 필요하기 때문이다. 그래서 프라모델을 즐기는 사람들은 일본어도 익히기 위해 어학 공부도 겸하고 있다고. 작품을 조립하기 위해서는 복잡하고 난해한 설명서도 자세하게 읽어 봐야 하는데 일본어로 된 설명서와 전문서적은 어중간한 일본어 실력으로 이해하기에는 한계가 있어서란다.

권 원장이 보고 있는 프라모델 전문 서적들

　이렇게나 열정적으로 프라모델이라는 취미를 즐기는 권 원장이지만 그에게는 무엇보다도 소중한 가족이 있기에 자신의 모든 여가시간을 취미에만 몰두할 수는 없다. 하루 종일 병원 진료를 보고 난 뒤 퇴근하여 집에 가면 예쁜 딸아이와 놀아주기도 하고 목욕도 시켜야 한다. 그리고 잠들기 전 동화책까지 읽어주는 다정한 딸바보 아빠인데, 이것도 권 원장에게는 놓칠 수 없는 삶의 기쁨 중 하나이다.

권 사실은 제가 '프라모델'이라는 것을 오래 해서 요즘에는 플라스틱 재료보다는 새로운 소재에도 관심이 많고, 메탈로 만드는 것으로도 작업을 하는데요. 보통 하나의 작품을 완성시키기까지는 작업 시간이 두 달 정도 걸리고 매일 두세 시간 정도의 작업을 합니다. 좀 오래 걸리는 것을 만들면 6개월 8개월 정도 걸리는 것도 있고 최근에는 1년 정도의 긴 작업을 마무리하기도 했어요. 이렇게 긴 시간을 투자하고 집중해서 해야 하는 취미지만 그만큼 제가 좋아하고 즐겁게 하는 것이기 때문에 집에서는 많이 이해해 주는 편이에요. 보통 퇴근해서 아이 씻기고 놀아주고 재우고 나면 그 뒤에 남는 시간에 프라모델을 만드는데요. 저희 아내도 제가 프라모델에 집중하는 시간을 인정해 주어서 그저 잘 치우고 다치지만 않으면 된다고 합니다. 아내에게 가장 감사한 점은 저를 정말 잘 이해해 준다는 거예요. 아내는 제가 저의 여가활동에 이런저런 욕심이 많은 편인데도 한 번도 싫은 내색을 한 적이 없어요. 병원에서 항상 아픈 환자들을 보니까 그 환자들의 말을 잘 들어주려면 제 스트레스도 잘 풀어야 한다고 저를 항상 격려하고 지지해 줍니다.

저는 결혼 전에 RC카를 모으기도 하고 비디오 게임도 좋아했었는데요. 결혼하면서는 그런 종류의 취미는 프라모델 하나만 남겼습니다. 저의 스트레스를 해소하고 소중한 취미를 즐겁고 행복하게 즐기는 것도 중요하지만 무엇보다 중요한 건 가족이에요. 만일 아내가 제 취미를 반대한다면 저는 당장이라도 그만둘 생각이 항상 있습니다. 제게 그 어떤 것도 가족보다 소중한 것은 없거든요.

그렇게 아내의 지지를 받으며 취미생활에 몰두하지만 집에서 제 마음대로 프라모델을 만들기란 그리 쉬운 것이 아니에요. 한 가지 예를 들어 겨울이 되면 작품의 도색 작업이 매우 힘든 편이거든요. 도료의 성분이 아이에게 좋지 않고요. 그래서 프라모델 만드는 아빠들은 베란다에서 창문 활짝 열어놓고 도색을 합니다. 좀 더 전문적이고 본인만의 프라이빗한 작업을 하기 원하시는 분들은 공동으로 작은 작업실을 얻어 공방을 열기도 하세요. 저도 아이에게 혹여나 나쁜 영향을 끼칠까 걱정이 되기도 하는데 다행히 저희 아이는 제가 작업하는 것에 관심이 없어요. 아이가 태어나지 않았을 때는 '나중에 아이가 생기면 함께 프라모델을 만들면 너무 재미있겠지?'라는 상상을 하곤 했는데요. 실제로 아이가 태어나니까 프라모델을 만들 시간이 거의 없기도 했고. 나중에 아이가 좀 커서 제가 프라모델을 만들 여유가 생겼을 땐 아이가 아빠의 취미에 전혀 관심이 없더라고요. 다행이면서도 조금 씁쓸했죠.

어렸을 적부터 현재에 이르기까지 그렇게 긴 시간동안 열중할 수 있는 단 하나의 취미를 가지고 있다는 것은 어떤 것일까? 아마도 아주 오래된 친한 친구 한 명이 내 곁에서 늘 나를 위로해주고 나의 마음을 알아주는 것과 유사한 감정을 느끼는 것 같지 않나 싶다. 권 원장에게 있어서 프라모델이란 그런 친구 같은 느낌이 아닐는지. 하지만 그렇게 좋아하는 친구에게도 단점이라는 것 있고 그 단점마저도 사랑해야 하는 것이 그와 우정을 나누고 세월을 함께 걷는 친구의 의무와 책임이라면, 권 원장에게도 프라모델을 즐기기 위해서 감수해야 할 어떤 것이 있을까?

권 사실 몇 달 전에 목디스크 진단을 받았습니다. 충격이었죠. 하지만 결국에 올 것이 왔구나 하는 생각도 했어요. 워낙 오랜 세월 동안 고개를 숙이고 허리를 굽혀 프라모델 만들기에 집중했으니까요. 받아들이고 싶지는 않았죠(웃음). 하지만 이 취미를 오래 오래 지속하기 위해서는 목디스크가 심해지지 않도록 주의해야 하고 또 현재 상태를 치료도 해야 하죠. 프라모델 만들기 외에도 저는 활동적인 스포츠도 좋아하는 편이라. 평소 체력 관리를 위해 수영을 하고 있었는데요. 지금은 목디스크 치료를 위해 수영도 쉬고 있습니다. 그리고 될 수 있으면 고개를 수그린 자세를 하지 않으려고 스탠딩 데스크에서 작업도 하고 있어요. 이런 저를 보고 한 날은 아내가 너무 재미있고도 처절하다면서 사진도 찍어 주었습니다.

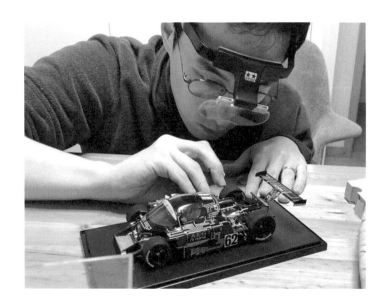

  그가 이토록 좋아하는 프라모델을 만드는 동안 하는 생각은 무엇일까. 갑자기 그의 머릿속이 궁금해졌다. 그의 어떤 성격과 환경적인 요소가 결합해 한 명의 정신건강의학과 의사가 만들어졌으며, 스트레스 해소와 인생의 즐거움을 추구하기 위해 그는 왜 프라모델이라는 취미를 선택하게 되었는가에 대한 것까지도.

권 공부요? 거의 모든 의사 선생님들이 공부는 다 잘하셨고 모범생이었겠죠. 저 또한 열심히 공부했고 다른 분들처럼 의사가 되기 위해 치열한 삶을 살았습니다. 의사가 되기 위해, 의대에 진학하기 위해 좋아하던 프라모델도 그만두고 중고등학교 때는 열심히 학업에만 매진했었어요. 하지만 입시에서 실패라는 것을 하고 난 뒤 저도 모르게 우울해지더라고요.

당시 의대에 떨어지면 어쩌나 하는 생각으로 잘못 판단해 서울대에 수시 원서를 냈었고 합격을 했습니다. 하지만 결국, 원하던 과가 아니었고 의대 진학을 위해 재수를 선택했습니다. 제 인생의 첫 번째 실패라고 할 수 있겠네요. 그때 얻은 제 인생의 소중한 교훈이 하나 있어요. 어떤 선택을 할 때, 진정으로 원하는 도전을 하지 않고 안전한 차선만 쫓는다면 결국 후회하게 된다는 것이었죠. 힘들던 재수생 시절이 가끔 기억이 납니다. 즐겁지 않은 고3 생활을 또다시 반복해야 했었고 실패라는 저만의 틀에 갇혀 한동안 우울감이 지속된 재수 생활을 해야 했죠.

우울증 환자들은 본인이 우울증에 걸린지 잘 모르는 경우가 많습니다. 다른 사람들이 나를 보기에 짜증과 분노가 잦아진다면 우울증을 겪고 있을 확률이 높아요. 저도 당시에는 제가 우울증을 겪고 있다고 생각하지 않았습니다. 하지만 나중에 친구 한 녀석이 "너 그때 무척 우울해 보였다."

라고 얘기해 주어서 '아, 내가 당시에 입시 스트레스로 인한 우울증을 겪고 있었구나.' 라고 깨달았어요. 그런 저의 실패에 대한 경험이 지금 환자들을 보는 데 정말 많은 도움이 됩니다. 특히 입시 스트레스나 취업 스트레스로 오는 10대와 20대 환자들을 보면 예전의 내 모습을 보는 것 같은 기분이 들죠. 그래서 그 환자들에게는 누구에게나 그런 시기가 있고 그 시기에 겪는 그런 감정들은 충분히 자연스러운 것이며 함께 이겨낼 수 있다고 말하고 있습니다.

만일 제가 그런 경험을 하지 않았다면 환자를 대할 때 그 부분에 대한 공감과 이해가 부족할 수도 있었겠죠. 또 요즘 청년실업이 정말 심각한 사회문제가 되고 있잖아요? 제 병원에 내원하는 청년들을 보면 형이나 오빠와 같은 마음으로도 안타깝기 그지없죠. 먼저 인생을 산 저희 같은 선배들이 좀 더 좋은 길을 만들고 이끌어 주었다면 그 친구들이 지금보다 행복한 사회에서 살 수 있지 않을까. 라는 생각도 듭니다. 그래서 요즘은 더 잘 살아야겠다는 생각도 많이 하게 됩니다. 잘 산다는 것이 물질적으로 풍요롭고 윤택한 의사로서의 삶을 누리는 의미가 아니에요. 사회적으로도 본보기가 되는 의사의 삶을 생각하게 됩니다.

많은 분이 의사라고 하면 사회의 특권층을 먼저 떠올리게 되잖아요. 그리고 실제로도 그것이 어느 부분은 맞기도 합니다. 하지만 의사는 환자 곁에 가장 가까운 사람이 아닙니까? 그런 의미에서 우리 의사들이 의사로서의 소명을 다하는 '잘 사는 삶'을 살아야 하지 않나 하는 생각을 많이 하고 있습니다. 모두 각자 자기 자리에서 열심히 본분을 다해 살아가듯, 의사 또한 사람의 병을 고치는 자신의 자리에서 잘 사는 그런 삶이요.

특별히 많은 것에 욕심을 내거나 그럴 필요도 없이 의사는 의사로 환자를 돌보고 치료하는 데 최선을 다한다면 환자에게 가장 좋은 의료서비스를 줄 수 있을 거라고 생각해요. 그런 저에게 진료를 받으러 오는 환자는 치료를 받고 사회에 건강하게 복귀할 수 있고. 이런 건강한 순환이 우리 사회에 좀 더 많아지길 의사로서 기대할 뿐입니다.

그래서 저는 취미활동도 열심히 하게 되는 것 같아요. 취미는 '즐거움'입니다. 즐겁지 않으면 할 필요가 없는 것이에요. 어떠한 목적도 수단도 없는 그저 그 상태 그대로의 '순수한 즐거움'이 바로 취미라는 거지요. 제가 건강한 삶을 살아야, 건강한 연구를 통해 환자들을 진료할 수 있다는 것도 가장 명확한 사실이죠. 그래서 저는 일벌레들, 소위 말하는 '워커홀릭'으로 병원을 찾는 분들께는 취미를 가져 보시라고 권유해 드리기도 합니다.

특히 우리나라 장년층들은 평생 돈벌이에만 집중하느라 제대로 된 본인만의 취미가 없는 경우가 많습니다. 하지만 그런 경우 공허함을 많이 느끼며 본인의 존재 이유를 찾지 못해 방황하게 되고 혼자서는 극복하지 못한 채 그것이 정신적인 질환으로 이어져 병원을 찾기도 합니다. 그런 분들이 본인에게 딱 맞는 제대로 된 취미를 갖게 되면 거기서 느끼는 순수한 즐거움이 삶을 활력 있고 재미있게 만들어 주면서 힘들고 중독적으로만 이어졌던 사회생활도 좀 더 건강하게 할 수 있거든요.

'몰입이론'이라는 것이 있어요. 무언가에 흠뻑 빠져 있는 상태를 몰입, 흐름(Flow)이라고 하는데 주위의 모든 잡념과 방해물을 차단하고 자신이 원하는 한 곳에 정신을 집중하는 상태를 말합니다. 그때의 느낌을 물처럼 편안히 흘러가는 느낌이라고 표현할 수 있다고 해요. 제가 프라모델을 조립하는 동안 느끼는 감정이 바로 그렇거든요. 그런데 그러한 경험이 환자를 볼 때 정말 많은 도움이 됩니다. 의사로서 환자와 이야기를 하면서 환자의 경험, 상태에 대한 집중이 필요하거든요, 물 흘러가듯 그 환자의 느낌과 감정을 함께 경험할 수 있는 거죠. 환자에 대한 더 많은 이해, 공감이 가능할 수 있도록 도움을 준다고 생각해요. 그래서 저만의 취미 시간이 참 중요한 것 같습니다. 물론 아내가 제게 주는 안정적인 사랑과 딸아이를 보며 느끼는 아빠로서의 행복과 책임감 같은 것도 저를 지탱해 주는 정말 큰 부분 중의 하나죠. 그것에 더불어 제가 저만의 시간에 몰두할 수 있는 프라모델이라고 하는 취미 자체에서 느끼는 순

수한 즐거움은 다시 일상으로 복귀하는 저에게 긍정적인
요소로 작용한다고 믿고 있습니다.

2019년 MMC(Miniature Medelling Contest)에서 골드메달을 받은
권용석 원장의 Mclaren MP4/6 Honda

그와 얘기하는 동안 꽤 많은 시간이 흘렀다. 환자와 의사, 그리고 그의 별나고 재미있는 취미인 프라모델에 관한 이야기를 하는 동안 어느새 그의 어깨 뒤로 보이는 창밖엔 어슴푸레한 어둠이 내려앉았다. 하지만 사려 깊고 배려심 많은 이 의사 선생님은 처음 시작부터 지금까지 곧은 자세로 앉아서 차분한 어조로 말을 이어 나갔다. 언젠가 나에게도 우울이라는 반갑지 않은 친구가 찾아오는 계절이 있다면 꼭 이 선생님께 그를 소개해야겠다 하는 생각이 들었다. 더구나 이렇게나 자신의 삶을 재미있고 의미 있게 잘 살아나가는 사람이라면 말이다.

길었던 인터뷰 시간 동안 한 번도 흐트러짐 없이 반듯하게 앉아 모든 질문에 참 신중하게도 대답하던 그에게, 나는 마지막으로 물었다.

"정신건강의학과 전문의 권용석에게 프라모델이란 무엇인가요?"

권 저에게 있어서 프라모델이란 '밥'이에요. 쌀밥. 왜 있잖아요, 하루 동안 너무 바빠서 빵으로 한두 끼를 때우다가 저녁에 허겁지겁 된장찌개에 밥을 먹는 거예요. 그러면 그 밥이 얼마나 맛있는지 아시죠? 저에게 프라모델을 하는 시간이란 그렇게 맛있는 밥을 먹는 시간과도 같습니다. 다른 것들로는 채울 수 없는 것. 저만의 안전한 놀이터. 프라모델은 그렇게 저를 채워주는 밥이라고 할 수 있습니다.

프라모델 조립의 세계

글 | 프라모델러 강신금

권용석 원장의 작품들

우리나라에서 프라모델을 취미로 한다고 하면 그 이야기를 듣는 대부분의 사람들이 '초등학교 때 문방구 앞에서 파는 조립식 완구요. 저도 해봤어요'라고 반색을 하며 대답을 합니다. 물론 프라모델의 원조가 그때 문방구에서 팔던 조립식 완구가 맞기는 하지만 지금은 비약적 기술의 발전과 모형 인구의 증가로 상당히 정교한 사실적 디테일을 재현하는 마니아적인 취미로 발전했습니다.

현재 우리나라에서 프라모델을 만들고 또 즐기고 있는 모형 동호인들이 대부분 성인인 것을 봐도 더 이상 어린 학생들의 조립식 완구의 수준을 벗어나 하나의 예술적인 작품을 의미한다고 생각합니다.

프라모델이라는 용어는 7~80년대 일본에서 들어온 모형제품과 함께 일본 발음 그대로의 용어까지 따라온 경우입니다. 제품의 재질이 플라스틱으로 만든 모형제품이라 일본식 영어로 '프라모델'이라 부르던 것을 그대로 한국에서도 따라 부르게 된 것입니다. 영어권에서는 'Fine Scale Modeling(정밀축소모형)'이라고 부릅니다. 우리나라식의 정확한 명칭은 '정밀축소모형'이 맞다 볼 수 있습니다.

정밀축소모형의 원조는 유럽의 인형 종류와 같이 재료가 금속이면서 장인에 의해 소량 생산이 되던 고가의 제품이거나 군사적인 목적의 워-게임(도상훈련)으로부터 비롯되었지만 1930년대 플라스틱의 개발과 함께 모형도 대중화, 대량생산의 시대로 접어듭니다.

 정밀축소모형은 실물을 정밀하고도 정확하게 축소하여 만드는 것을 기본 목표로 작업하는데 실존하는 자동차, 비행기, 전차, 배 등은 물론 상상의 물건인 영화나 애니메이션 속의 인물이나 로봇 등도 정밀축소모형으로 재현을 많이 하고 있습니다. 우리가 보고 상상하는 것은 모두 재현을 하여 소장할 수 있다는 것이 정밀축소모형의 가장 큰 장점이고 즐거움이라 할 수 있죠.

 자동차 모형을 예를 들면 선택한 모형을 제대로 만들기 위해서는 실차에 대한 연구를 해야 하는데 이 과정을 통해 실차의 개발 과정이나 제품의 컨셉, 종류 등을 알 수가 있습니다. 또한, 제작 과정을 통해 실차의 구조와 동작 원리 등을 이해할 수도 있습니다. 이런 정밀한 제작을 위해서 다양한 도구의 사용법을 익혀야 하고 칠 작업을 위해서도 다양한 도료의 특성과 사용법까지 익혀야 하며 실물을 표현하는 컬러에 대한 공부도 많이 하게 됩니다. 이런 일련의 과정을 통해서 하나의 정밀축소모형이 완성되는데 조형과 회화, 엔지니어링 분야까지 배우고 사용해야 하는 종합적 취미가 바로 정밀축소모형이라고 할 수 있습니다.

 정밀축소모형은 기본적으로 미술의 공예와 회화의 요소를 모두 포함을 하고 있습니다. 단순히 모형을 조립 완성하는 기능적 능력뿐 아니라 공예와 조소의 제작 기법을 많이 이용하여 사람과 동물이 만들어지고 빛과 그림자의 원리를 이해하여야 정밀축소모형을 제작할 수 있습니다. 그라데이션 기법, 드라이브러싱, 쉐도잉, 하이라이팅 등 회화의 다양한 기법이 정밀축소모형을 만들 때에도 사용이 되고 있습니다. 또한 유화용 오일페인트부터 아크릴 페인트, 락커 페인트, 에나멜 페인트, 색연필, 에어브러쉬까지 다양한 미술 재료들도 사용되고 있습니다. 모형을 만드는 것이 단순한 조립 과정이라 생각하시는 분들이 많은데 정밀축소모형의 완성을 위해서는 다양한 기법과 재료들을 유기적으로 사용하여야 완성도 높은 모형을 만들 수 있습니다.

그러나 정밀축소모형을 만드는 것을 너무 겁낼 필요는 없습니다. 관심과 애정만 가지고 있다면 누구나 쉽게 즐길 수가 있는 취미입니다. 금형 기술의 발달로 레고처럼 쉽게 조립이 가능한 제품이 많이 출시되고 있고 컬러 부품으로 제작되어 칠 작업 없이 단순 조립만으로도 완성도 높은 결과를 즐길 수 있도록 나오는 제품도 많습니다. 모든 제품에는 조립 설명서가 들어 있지만, 자신의 취향대로, 원하는 대로 상상력을 발휘하여 모형을 만드셔도 됩니다.

권용석 원장 작품

온라인이나 오프라인에 있는 모형전문점에서 만들고 싶은 제품을 구입한 뒤, 나이프나 접착제와 같은 간단한 도구만 준비하면 바로 시작할 수 있습니다. 정밀축소모형 제작에 관한 책을 구입하여 참고하거나 온라인 커뮤니티를 활용하면 시작하는 데 도움을 받을 수 있습니다.

그 외에도 제작하는 모형과 관련된 다른 콘텐츠, 예를 들어 영화나 책 등에 관심을 가져보는 것, 전시회나 콘테스트에 출품해보기, 다른 사람들과 제작법을 가르쳐주고 배우기와 같이 다양한 활동을 함께 시도해보는 것도 정밀축소모형을 즐기기에 좋은 방법입니다.

권용석 원장의 프라모델 동호회 활동모습

『의사의 사생활』에서 소개한 권용석 원장은 자동차 모형만을 만드는 전문 자동차 모델러입니다. 다양한 크기의 자동차 모형 중에서도 대형 제품에 속하는 1/12 스케일의 자동차를 주로 제작을 하는데 실차의 구조와 구성에 거의 근접한 정밀재현을 장기로 하는 국내에 몇 안 되는 자동차 전문 모델러라고 할 수 있습니다. 그는 프라모델을 바쁜 병원 진료에 지친 몸과 마음을 달래는 좋은 취미라고 늘 이야기를 합니다. 『의사의 사생활』에서 소개되는, 이번 기회는 정밀축소모형을 알리는 계기가 되어 참으로 기쁩니다.

많은 모델러들이 모형을 만드는 동안 집중을 하게 되고 이런 집중을 통해 잡념이 사라지고 이런 일련의 과정을 통해 자신이 원하는 대로 완성을 하여 작품을 바라볼 때 느끼는 성취감이야말로 정밀축소모형이 주는 가장 큰 장점이라고 이야기합니다. 이 책을 읽는 독자 여러분들도 정밀축소모형을 새로운 취미로 도전해보실 것을 추천합니다.

■ 강신금

• 키위맨모형아카데미 대표
• 모형경력 40년
• 前 뉴질랜드 Kang's Hobby와 Ace Hobby 운영
• 뉴질랜드 IPMS Member
• 제5회 조이하비 프라모델 콘테스트 AUTO상 수상
• 제1회 MMC 금상 수상
• Taiwan Freedom Cup Auto 부문 Top 10,
• Hungary Moson Show 특별상 수상.
• 그 외 해외 수상 경력 다수

사물의 미는
그것을 응시하는 사람의 마음에 있다.

- 흄 -

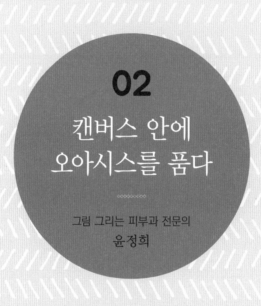

02

캔버스 안에
오아시스를 품다

⬦⬦⬦⬦⬦⬦⬦⬦

그림 그리는 피부과 전문의
윤정희

✳

아, 파란 물감아!

네가 할 수 있는 일이 무엇이니?

너는 하늘을 칠할 수 있지,

너는 강물을 칠할 수 있지,

너는 꽃을 칠할 수 있지,

너는 새를 칠할 수 있지,

모든 것들은 파랗다.

네가 그들을 파랗게 할 수 있다면

아, 파란 물감아, 아, 파란 물감아!

이건 엎질러진다. 이건 넘친다.

이건 흐른다. 이건 떨어진다.

내 사랑스러운 파란 물감, 너는 그러리라.

이건 움직이는 색이다.

이건 움직이고 움직인다. 아, 파란색! 아, 파란색!

- 버지니아 M. 엑슬린 '딥스' 중에서

세상에 마음을 닫았던 한 다섯 살 소년 딥스가 엑슬린 박사를 만나 자아를 찾게 되는 과정을 담은 책『딥스』. 어린이의 심리 구조와 행동 변화를 깊이 있게 담은 놀이치료에 대한 교과서로도 널리 알려진 책이다. 이 책의 주인공 딥스는 바보로 취급받다 못해 정신질환 환자로까지 오해받을 뻔했지만, 치료자 엑슬린 박사의 깊은 이해와 도움으로 본인의 잠재 능력까지 찾으며 정상적인 어린이로 성장하게 된다. 엑슬린 박사의 여러 가지 놀이 치료법 중에는 딥스가 물감과 도구를 이용해 본인의 마음을 표현하고 치유하는 기법도 있는데, 딥스라는 이 어린아이는 그러한 기법으로 치료를 받으며 물감으로 선생님과 의사소통을 하고 자신의 정서적인 불안과 언어를 표현한다.

이렇듯 미술이라는 것은 우리에게는 잠재되어있는 제2의 언어로 사용되며 때로는 말이나 행동보다 훨씬 많은 의미를 함축해 단순하게 규정짓기 힘든 우리들의 정신세계를 나타내고 표현할 수 있다. 미술을 조금 다른 말로 설명한다면 훌륭하고도 깊이 있는 '소리 없는 언어'라고 할 수도 있겠다. 때문에, 수 세기를 거쳐 인간은 이 미술이라는 언어로 표현한 무한한 상상력의 산물을 수없이 남기지 않았던가.

피부과 전문의 윤정희 원장은 일주일에 한두 번은 진료가 끝나면 병원 근처에 있는 화실로 퇴근한다. 하루 내내 수많은 환자와의 대화를 마치고 이제는 자신만의 언어로, 자신과의 대화를 이어 나가기 위해서이다.

윤 아무리 바빠도 일주일에 한두 번은 꼭 화실에 갑니다. 병원 가까이에 스승님인 이두섭 화백님의 화실이 위치해 있거든요. 화실에 갈 때는 꼭 걸어서 가요. 한 10분 정도면 갈 수 있거든요. 제가 워낙 걷는 것을 좋아하기도 하구요. 저는 운전을 별로 좋아하지 않아요. 하루 종일 온 신경을 집중하여 환자의 피부와 치료를 위한 레이저 불빛을 많이 보니까 밤에 운전하면 다른 차들의 빛을 보는 것이 눈에 부담이 많이 되기도 하고, 운전에 신경 쓰며 또다시 집중해야 하는 것도 싫더라고요.

그래서 진료 후에 화실을 갈 때는 걸어서 가요. 두 주머니에 손을 넣고 천천히 느긋하게 걸으며 제가 좋아하는 가수 이문세의 노래를 흥얼거리는 그 시간이 참 좋거든요.

요즘 많은 여성들의 미에 대한 폭발적인 관심과 열정이 대한민국을 뜨겁게 달구고 있다. 그래서 피부과에 가면 세상에 보지도 듣지도 못한 수많은 피부 시술과 각종 주사도 접할 수 있다. 젊어지고 싶은 욕구는 모든 여성의 희망이며 고민거리이다. 그 누구도 세월을 거스를 수는 없겠지만 세월을 좀 더 늦게 맞이하고 싶다고 느끼는 여성들의 심리를 나쁘게만 볼 수는 없다. 그 덕에 의학은 날로 진보를 거듭하고 있으며 아름다움을 추구하는 여성들이 만드는 최신의 트렌드와 미용 산업 또한 우리 경제를 날로 발전하게 만들고 있는 것이 아닌가.

이런 거대한 미용 시장에서 피부과라는 한 부분을 구성하고 있는 윤정희 원장. 그런데 윤 원장과 대화를 이어갈수록 받는 느낌은 감각적인 미용 트렌드를 이끌어 가는 사람이라고 느껴지기에는 무언가 아날로그적인 향기가 풍겨와 사뭇 당황스럽다.

윤 제 고향이 강원도에요. 강원도 고성이요. 크고 작은 해변과 항구가 쉴 새 없이 펼쳐지는 아름다운 곳이죠. 고성의 해변은 넓게 이어진 탁 트인 해변이 아니라 해변 하나를 넘으면 야트막한 고개가 있고 또 그 산을 넘으면 해변이 있는 식이에요. 참 아기자기하면서도 신비롭죠. 고성의 바다색은 다른 지역의 바다보다 훨씬 깊은 푸른색이 나면서 투명하고 아름다워요. 그곳에서 나고 자라서 그런지 제가 가장 좋아하는 색도 푸른색이고 항상 바다와 산, 자연에 대한 향수가 짙어요. 어려서는 친구들과 그저 바다로 산으로 놀러 다닌 기억이 가장 많지요. 푸른 바다에 풍덩 빠지며 시원하게 젖어들던 그 기억이 가장 기분 좋은 느낌으로 제게는 아직도 남아있습니다.

가끔 수채화를 그리면 붓을 물에 담그고 꺼낼 때 꼭 그런 느낌을 받아요. 특히 파란색 물감이 퍼져 나가는 모습을 볼 때 뭔가 시원하게 적셔지고, 깨끗하게 씻겨 나가는듯한 그런 느낌이요.

저는 지금 도시에서 생활하고 있지만, 사람이 많은 장소보다는 한적한 곳을 좋아하고 요즘 유행하는 최신 전자제품을 사고 사용하기보다 때 묻은, 익숙하게 쓰던 물건들을 좋아하는 아날로그적인 사람이에요. 어쩌면 한마디로 촌스럽다고 할 수도 있겠네요. 하하.

스스로 촌스러운 사람이라고 말하는 윤 원장이지만, 그의 그림을 보고 있노라면 촌스럽다는 생각보다는 여성스럽고 부드러우며 무엇보다 오래 쓰던 포근한 담요처럼 따스하고 편안한 느낌이 든다. 그림에서도 느껴지는 윤 원장의 부드러운 편안함이 많은 여성을 진료하는 피부과 과목의 특성과 아주 잘 맞는 것이 아닐까 조심스러운 추측도 해본다.

의사가 되고 싶다는 막연한 기대로 의대에 진학했다는 윤 원장. 그렇게 진학한 의대 1학년, 그는 공부보다도 무언가 자신이 할 수 있는 것을 찾아 한 번도 가보지 않은 길을 가보고 싶다는 생각을 했더란다. 그리고 그것은 바로 지금까지도 그에게 가장 큰 위안이 되는 시간이 되어주는 '그림을 그리는 것'이었다.

윤 제가 학교에 다닐 때 드라마 〈해바라기〉가 한창 인기를 얻고 있었어요. 주인공 안재욱 씨가 굉장히 냉철하고 멋있는 의사로 나왔었는데요. 그 드라마에서 배우 안재욱 씨의 취미가 바로 그림을 그리는 것이었어요. 하얀 의사 가운을 벗어 던지고 캔버스 앞에 앉아있는 모습이 어린 마음에 얼마나 멋있어 보였는지. 나도 의대에 가면 그림을 그리고 싶다는 생각을 하게 해준 계기가 됐습니다. 참 우스운 게, 저는 그림에 그렇게 소질이 있는 편도 아니고 제가 그림을 잘 그린다고 생각해 본 적도 없었어요. 그런데도 용감하게 미술동아리에 들어가 그림을 시작했고 지금까지 저를 가르쳐주신 스승님 이두섭 화백님도 만나게 되었죠.

윤정희 원장의 스승 이두섭 화백은 독창적인 MLT(Multi Layer Technique)기법으로 의식과 무의식이 가지는 경계의 '미(美)'에 대한 그림을 그리는 것으로 유명한 서양화가다. 이 화백과 윤 원장의 인연은 벌써 햇수로 20년이다. 스승인 이 화백과는 이제 스승과 제자 사이를 넘어 인생 이야기와 함께 술잔을 기울이는 친구가 되었을 만큼 돈독하다고. 인터뷰를 진행했던 장소인 화실에서 만난 이 화백 또한, 윤 원장을 각별하게 아끼는 제자로 여기고 있었다. 그렇게 오랜 세월을 함께 한 스승과 제자의 모습은 그 누가 봐도 정겨운 주황빛으로 화실을 가득 채웠다. 윤 원장은 아직 따로 개인전을 연 적은 없지만, 이 화백이 가르치는 다른 제자들과 함께 전시회도 함께 참가하고 있다.

이두섭 화백과 함께

윤 스승님과 함께 드로잉부터 시작한 저의 첫 미술 수업이 생
각나네요. 정말 형편없는 실력이었지만, 스승님이 하나하나
천천히 알려주셔서 지금 그래도 좀 그릴 수 있을 만한 실
력으로 많이 발전했습니다. 스승님의 화실에 와서 작업할
때는 라디오를 함께 들으면서도 하고요. 가끔 작업이 끝나
면 함께 술을 마시기도 하는데 많은 이야기를 나누지는 않
아도 스승님과 함께하는 그 시간이 참 좋죠.

스승인 이 화백의 도움과 본인의 끝없는 노력으로 지금은 전시회에 참가할 정도로 수준 높은 실력을 쌓아온 윤 원장이지만 그에게도 차마 숨길 수 없는 미술학도로서의 흑역사는 존재했다고.

윤　의대 1학년 여름 방학을 마치고 미술 동아리의 발표회가 있었는데요. 방학 동안에 작품을 완성해 전시하는 거였어요. 근데 저는 고성에 내려와 있으면서 작품 완성은커녕 시작도 못한 상태였죠. 여름 방학이 거의 끝나가자 발 등에 불이 떨어졌으니 부랴부랴 학교에 와서 고민하기 시작했어요. 어찌 됐든 작품을 완성해서 전시회에 출품은 하긴 해야 하는데 그림을 그릴 시간은 없고. 결국은 그 시기에 봤던 영화인 권투왕 김득구의 일생을 그린 영화 〈챔피언〉의 포스터를 보고 간단한 판화를 하나 만들어서 출품했어요. 지금 생각해 봐도 정말 우스운 작품이었네요.

　그렇게 첫 작품의 실패를 뒤로하고 나도 제대로 그려보자 싶어서 정말 열심히 그려 저의 진정한 첫 작품이라고 할만한 그림을 하나 완성했죠. 고향의 하얀 눈이 덮인 시골길을 그린 작품이었어요. 그 그림을 다 그린 후에 '아, 나도 할 수 있구나. 이렇게 그림이 나올 수 있구나.' 하는 느낌을 받았습니다. 그림을 그린다는 것이 과정과 완성에서도 큰 의미가 있다는 것을 알게 되었어요. 더 열심히 그리고 싶다는 계기도 되었구요.

눈 덮인 시골길

 윤 원장의 〈눈 덮인 시골길〉을 보고 있노라니, 나의 어린 시절의 한 부분을 간직하고 있는 시골집이 아련히 생각이 났다. 마을 어귀 자리 잡은 정자나무 뒤에는 제법 큰 개울이 흘렀고 마을 어른들은 그곳에서 늘 담소를 나누곤 했다. 아빠 엄마와 손을 잡고 시골집을 찾는 날이면 그곳에 앉아있던 분들이 반갑게 우리 가족을 맞아주던 기억. 나에게도 시골이라는 정서는 언제나 내 마음의 따스함을 담당하는 작은 난로와도 같은 형태로 존재한다. 아마 윤 원장의 가슴속에도 그러한 온기가 은은하게 남아 있는 것이 아닐까 하는 생각이 든다.

윤 원장이 가장 좋아하는 화가는 인상파 화가로 널리 알려진 모네(Claude Monet)다. 모네의 작품은 모두 다 좋아하지만 그 중 〈해돋이〉라는 작품을 좋아한다고. 모네의 〈해돋이〉는 자신이 젊은 시절 대부분을 보냈던 르 아브르 항구의 새벽 무렵의 해가 뜨는 시각적 인상을 순간적으로 포착한 그림으로, 모네만의 따스하고 아련한 감성을 담고 있다. 고성의 바다에서 나고 자란 윤 원장이 좋아할 만한 그림이다. 모네의 부드럽고 유연한 그림의 색감과 붓 터치 또한 윤 원장의 성격과 많이 닮았다.

윤 피부과를 선택한 것도 저의 기질과 성격에 가장 근접한 선택이었던 것 같아요. 응급실 인턴을 할 때였어요. 새벽에 오토바이 사고로 내원한 환자가 있었는데 저는 일반적인 처치를 하고 경과를 기다려 보자. 이렇게 진료를 했지만, 시간이 갈수록 그 환자의 상태가 안 좋아지는 거예요. 내장 출혈이 있었던 거죠. 다행히 더 늦지 않게 적절한 처치를 받고 환자의 상태는 나아지긴 했지만, 저의 간과로 환자를 힘들게 했던 죄책감 때문에 꽤 오랫동안 마음이 아주 힘들었습니다.

의사로서 나의 능력이 부족한 것은 아닐까. 하는 생각과 함께 나에게 맞는 과가 무엇인가에 대한 고민을 많이 하게 된 계기였어요. 저는 태생적으로 신중하고 마음이 여린 편이어서 순간적이면서 냉철한 판단력을 요구하는 과는 저와

맞지 않는다는 생각을 했어요. 그래서 피부과를 선택하게
되었는데요. 지금은 만일 내가 피부과를 선택하지 않았다
면 얼마나 후회를 했을까 싶을 정도로 저에게 잘 맞는 과
를 선택했다는 생각이 듭니다.

　그와 이야기를 하다 화실에 걸려있는 그의 그림들을 보니 사
물과 사람을 관찰하는 부드럽고 섬세한 성격이 그림 속에도 오
롯이 녹아들어 있는 듯했다. 만일 그가 예리한 수술 도구들을
들고 수술을 하는 외과 의사의 길을 선택했다면? 아마도 그것
은 윤 원장에게 어울리지 않는 모습 같다는 생각이 들었다.

윤　제가 피부과를 택한 것도, 그림을 그리기 시작한 것도 어
　　찌 보면 저와는 잘 맞는 선택이었던 것 같아요. 환자들이
　　저의 병원에 내원하면 일반적인 피부 질환으로 내원하는
　　분들도 있지만, 요즘은 피부 건강과 노화 방지에 대한 고
　　민으로 내원하시는 분들도 정말 많거든요. 이런 여성 환자
　　들이 내원하셨을 때 그분들의 얼굴 비율, 각도, 볼륨 등을
　　잘 분석해 적절한 솔루션을 주는 것이 중요한데 그림을 그
　　리다 보면 그릴 대상을 캐치하는 무의식적인 트레이닝이
　　정말 잘 되는 거 같고 이러한 트레이닝을 통해 실제 환자
　　들의 얼굴을 빠르게 분석하는 저만의 노하우가 생긴 거 같
　　아요. 또, 그림을 그릴 때 어떤 색깔로 채워 넣을까 하는

고민을 많이 하게 되는데 이러한 고민과 집중하는 시간 역시 환자의 얼굴을 들여다보고 고민하는 그 순간과도 아주 비슷하다는 느낌도 받거든요.

그림을 그리는 것은 이제 윤 원장이 피부과 의사로 살아가는 데 있어서 필수적인 요소가 된 듯 보인다. 하지만 퇴근 후 두세 시간의 미술 작업이 그에게 아무리 많은 도움을 준다고 한들, 가족의 적극적인 지지가 없다면 그도 취미를 제대로 즐길 수 없을 '대한민국의 가장' 중의 한 사람이다. 아직 어린 아기를 돌봐야 하는 아내에게 미안해 아기가 태어난 후 잠시 그림 그리는 것을 쉬고 있다는 윤 원장. 아내에 대한 사랑이 각별하기도 한 사랑꾼이다.

윤 아기가 생겨서 결혼을 급히 하는 바람에 아내에게 정식으로 프러포즈하지 못한 것이 가장 미안해요. 하지만 연애시절, 아내에게 그려 주었던 그림만큼은 자신 있게 자랑할수 있습니다. 매일 매일 아내의 얼굴을 그려서 그림이 변하는 모습도 함께 사진을 찍어 보여주었어요. 그 어떤 프러포즈보다도 아름답다고 아내가 정말 많이 좋아했습니다. 나중에 아기가 돌이 되면 가족사진도 찍겠지만 저는 가족 그림을 그려보려고 해요. 나중에 저희 아이가 커서 아빠가 그린 그림을 보면 정말 좋아하겠죠?

한없이 아내를 아끼고 사랑하는 가장으로서, 피부과를 운영하는 한 명의 의사로서. 게다가 틈틈이 그림을 그리는 아마추어 화가로서 모든 것이 완벽해 보일 것 같은 그에게도 고민과 스트레스가 있을까.

윤 원장이 아내에게 그려주었던 그림

윤 저는 평소 상당히 꼼꼼하고 모든 일을 신중하게 생각하는 편이에요. 그러면서 마음은 굉장히 여린 편이고요. 피부과는 다른 과 진료에 비해 많은 시간과 노력이 필요한 과입니다. 드라마틱한 변화는 없지만, 천천히 인내와 끈기를 가지고 예민한 피부의 변화를 이끌어내야 하기 때문에 환자의 고민에 공감하며 진료하는 것이 정말 중요하기도 해요.

레지던트 시절 아토피가 굉장히 심해서 고생하던 7살 꼬마 여자아이가 기억에 남는데요. 얼굴에 헤르페스가 심하게 번져서 초등학교 입학을 앞두고 엄마와 아이가 많이 고민하고 걱정하며 내원했었어요. 입학 전까지 제가 담당해서 치료를 해주었는데, 저는 사실 그때 그 아이에게 해줄 수 있는 것이 진물을 소독해주고 약 처방에 대한 꼼꼼한 설명을 해주는 것밖에 없었거든요. 그래서 아이에게 초등학교에 입학할 때는 예쁜 얼굴로 갈 수 있을 거라는 얘기를 치료할 때마다 되도록 많이 해주었습니다. 방글방글 웃는 모습이 참 예쁜 여자아이인데 얼굴 때문에 속상해하는 그 마음이 너무 안쓰럽게 느껴졌거든요. 다행히 치료를 잘 마치고 제 예상대로 아이는 무사히 초등학교에 입학했어요. 입학 전 마지막 진료일에 아이가 외래를 보러 왔는데 처음 진료하러 왔을 때보다 훨씬 환해진 얼굴로 와서는 제게 너무나 고마워했습니다. 제가 치료를 잘 해줘서 뿐만 아니라 아이를 볼 때마다 긍정적인 말을 해주어 힘을 얻었고 결과적으로 더 빨리 나을 수 있었다고 어머니께서 말씀하시더라고요. 특히 아이가 '저도 나중에 커서 선생님처럼 좋은 피부과 의사 선생님이 될 거예요.'라는 말을 했는데요. 제가 사람의 목숨을 다루는 의사는 아니지만 이렇게도 보람을 느낄 수 있구나 하는 생각을 했어요.

하지만 그렇다고 피부과가 목숨과 연관이 없는 것은 아니에요. 제가 1년 차 레지던트로 있을 때가 기억납니다. 발바닥에 검은 점이 생겨 내원한 한 50대 여자 환자분이 있었는데요. 말단 흑색종으로 진단을 받으셨어요. 흑색종 진단 후에도 굉장히 밝고 긍정적으로 잘 생활을 하시던 분이었는데 제가 로테이션 근무로 다른 곳에 다녀와 그분의 안부를 물었더니, 그 사이에 사망하셨다는 거예요. 그때 '삶이 굉장히 허무할 수 있구나'라는 것을 느끼며 의사로서 환자에 대한 책임감 또한 가슴 속에 큰 돌덩이를 얹은 듯 무겁게 다가왔습니다. 의사라는 직업이 사람을 치료하고 보살피는 일이다 보니 보람을 느끼면서 일할 수 있는 정말 좋은 직업 중의 하나라고 생각이 들지만, 그래서 더 많은 책임감을 느껴야만 한다고 생각해 준 계기가 되었지요.

세상에는 참 이해할 수 없는 일들이 너무 많은 것 같다. TV 뉴스에 나오는 여러 가지 사건들. 맑았던 하늘에 갑자기 먹색 구름이 끼고 장대비가 억수같이 쏟아지는 일. 하지만 가장 이해가 가지 않는 건, 그렇게 누군가 갑자기 세상을 떠나가 버리는 것이 아닐까. 환자의 허망한 죽음 앞에 선 마음 약한 이 의사 선생님의 마음이 어땠을지 생각하니 내 가슴도 어느새 그에게 물든 축축한 슬픔으로 무거워졌다.

윤 원장은 본인의 성격과 장단점을 정말 잘 알고 있는 사람인 것 같다. 그는 평소 어떠한 결정을 하든, 자신이 원하는 것과 할 수 있는 것을 욕심내지 않고 구분하려 애쓴다. 본인의 피부과를 개원할 때도 자신이 가진 특성에 집중해 더욱 신중하고 천천히 생각하여 내린 결정이었다.

윤 원장은 번화가나 역세권에 위치한 프렌차이즈 병원을 운영하기보다는 동네와 지역사회에서 활동하며 환자 개개인과의 관계를 중요시하는 병원을 운영하고 싶었고 그것이 평소 의사로서 환자에 대한 봉사로 도움을 주고자 했던 자신의 소명과 가장 부합하는 선택이었다고 한다. 하지만 개원의로서 자리를 잡는 것 또한 그리 쉬운 것은 아니었다. 요란스러운 마케팅이 필요 없는 지역사회에 위치한 병원이지만 때로는 환자의 작은 입소문으로 인한 오해가 큰 화살이 되어 병원의 운영에도 어려움을 줄 수 있기에, 의사와 환자와의 관계가 매우 중요하고 그것은 환자를 진료하는 데 있어서 큰 스트레스로 다가오기도 했다. 다소 강성인 환자와의 관계, 그리고 그 환자와의 진료에 대한 마무리 또한 중요하기 때문에 앞으로 병원을 어떻게 운영할지에 대한 두려움도 있었다. 게다가 혼자서만 오랜 시간 진료를 도맡아 해야 하는 어려움 또한 있었다. 주 6일 근무와 야간진료까지 책임져야 하는 업무적인 스트레스는 개원 초기 체력적인 고단함과 겹쳐 윤 원장을 괴롭게 했다.

윤 〈고요〉라는 작품을 그릴 때 병원 일로 많이 지치고 힘든 상태였어요. 지친 몸과 마음을 쉬어야겠다는 생각으로 잠깐 틈을 내서 양수리 근처로 바람을 쐬러 갔는데 그날 날씨가 너무 좋았습니다. 바람 한 점 없는 맑고 고요한 날이었는데 마침 강가에 올라와 있는 연잎들이 그것을 넋 놓고 바라보고 있는 제 마음의 중심으로 슬며시 들어오는 거예요. 근데 어느 순간, 넓은 연잎에서 느껴지는 안정감과 그 잎을 튼튼하게 받쳐주는 강한 어떤 힘이 제게로 다가왔어요. 그래서 그 모습을 하염없이 보고 있는데, 앞으로 내가 나아가야 할 방향성이 느껴졌습니다. 그리고 저는 다시 제자리로 돌아와 연잎을 그리기 시작했어요. 〈고요〉라는 그림은 그렇게 해서 완성이 됐습니다. 그림을 그리는 그 과정에서 세상에 강한 힘으로 우뚝 서는 미래의 나를 상상하게 되었고 지쳐 있던 제 마음이 다시 바로 서는 데 큰 힘을 얻었어요.

고요

　윤 원장에게 '그림을 그린다는 것'은 어쩌면 윤 원장 자신이 가진 문제를 직면하고 이를 해결하는 가운데 자신의 감정을 느끼고 수용하는 과정을 담고 있는 그만의 치료방법이라는 생각이 들었다. 우리는 보통 어떠한 문제를 가지고 있을 때 그것을 자신만의 방법으로 극복하곤 한다. 어떤 이는 자신이 흘린 눈물을 다시 마시기라도 하듯 술을 마시기도 하고 어떤 이는 슬픔 혹은 아픔을 잊기 위해 아주 오랫동안 다시는 깨어나지 않을 것처럼 잠을 자는 방법을 선택하기도 하고, 또 어떤 이는 친구를 찾아가 마치 상처를 받은 내 모습과 마주한 듯 기나긴 수다를 떨기도 한다.

　누구나 일상을 통해 얻을 수밖에 없는 스트레스나 문제들을 본인의 경험상 가장 결과가 좋았던 방법을 선택하여 해결하곤 한다. 윤 원장이 자신을 치유하기 위해 선택한 '그림을 그리는 방법'은 참 기가 막히게도 그가 가진 내면의 모습을 투영하여 해석하고 또 자각하여 스스로를 치료하기에 정말 적절한 방법이었다고 여겨졌다. 그런 윤 원장을 보고 있노라니 독일의 대표 심리학자인 안드레아스 크누프의 『내 감정이 버거운 나에게』라는 책에서 읽었던 한 구절이 생각이 났다.

　"스스로의 감정에 더 많은 주의를 기울일수록 우리는 삶에 더 집중할 수 있으며 긍정적인 방향으로 나아갈 수 있다. 무엇보다 우리가 감정에 완벽하게 집중하고, 내면에서 일어나는 복잡한 투쟁에 종지부를 찍는 것에 성공했을 때 어떤 일이 일어

나는지 살펴보는 것은 매우 중요하다. 이를 분명하게 인지한 다음 여행의 첫발을 내딛을 때 더 큰 효과를 기대할 수 있다."

윤 원장은 그림을 그리며 자신의 감정에 많은 주의를 기울이는, 감정의 결을 아는 섬세한 사람이다. 그는 아주 조용하고 담담하게 피부과 의사라는 그의 삶에 집중하고 그의 내면에서 일어나는 복잡한 감정을 그림이라는 것을 통해 나타낸다. 자신의 내면에서 일어나는 일을 충분히 알고 그림으로 표현하는 것이다. 누군가 그렇게 시키지 않았지만, 그는 자신을 위해 할 일을 정확하게 알고 있는 사람 같이 보였다. 그런 윤 원장에게 그림이란 어떤 존재일까.

윤 저는 그림을 그리는 동안 무한한 행복을 느낍니다. 가슴 속 저만의 사진첩에 끼워 두었던 소중했던 장소와 사랑하는 사람들의 얼굴을 떠올리며 그 순간 느꼈던 행복한 추억을 생각하게 되죠. 가끔 저에게 그림을 그려서 무엇을 하고 싶냐고 묻는 친구들도 있는데요, 제가 그림을 통해 이루고자 하는 특별한 목표는 없어요. 그림을 그리는 순간 즐겁고 힐링이 된다면 그것으로도 만족합니다. 과정을 위한 준비, 과정이 쌓인 결과 모두 제가 그저 좋아서 즐거워서 하는 작업이기 때문이죠.

그림을 그리는 시간은 저에게 있어서 '일상의 휴양지' 같은 시간입니다. 그 잔잔하고 고요한 저만의 휴양지 속에는

제가 사랑하는 사람들, 추억의 장소들이 다 있어요. 그림을
그리며 제 사람들과의 행복했던 추억을 떠올리고 혼자 웃기
도 하고요. 또 아팠던 순간들을 다시 회상하며 그들, 그 순
간들을 떠나보내기도 하죠. 저는 퇴근 후 그 휴양지로 가서
저만의 힐링을 경험합니다.

인터뷰가 끝난 뒤, 화실에 걸려있는 윤 원장의 추억이 가득
담긴 그림을 찬찬히 보고 있자니, 성격에 대한 나의 고정관념
이 어쩐지 잘못된 것 같다는 생각이 들었다. 내가 처음 마주했
던 그의 성격은, 잔잔한 수채화의 붓자국처럼 한없이 부드러운
모습이었는데, 그와 이야기할수록 그는 누구보다도 강직한 모
습으로 상대에게 다가오고 있었다.

누군가의 성격이 모가 났거나 혹은 둥글다고 단정 짓는다는
것은 참 잘못된 생각이었구나 싶다. 착한 사람이 욱할 때도 있
고 강해 보이는 사람도 한없이 연약할 때도 있다. 우리의 성격
이란 액체와 고체 사이, 딱 그즈음에 있는 것 같다. 성격보다
는 성질(性質)이라고 할까. 연약한 성질의 사람이 단단한 성질
로 변하는 것 같은. 누구의 성격이 이렇다, 저렇다 판단하기보
다 누구의 성질이 약했다, 강했다 이렇게 변하는 거라고 그렇
게 생각하게 만드는 사람이 바로 윤 원장인 것 같다. 그의 그림
에는 부드럽고 포근한 연약함도 있고 굳건한 듯 단단함도 있었
다. 그리고 그것이 사람 윤정희의 모습이었다.

화가가 이야기해주는
성인 취미미술

글 | 화가 이두섭

　미술 활동은 인간에게 있어서 다른 영장류와 확실하게 선이 그어지는 영역이며 그것을 즐기는 사람들은 본성적으로 선한 사람들이 많습니다. 직업적인 작가들의 경우에는 업이다 보니 예민하게 반응되는 경우가 있을 수 있지만, 복잡한 사고를 해야 하는 현대인들에게 취미미술 활동은 오랫동안 꾸준히 즐길 수 있는 취미활동입니다.

　미술이 좋은지는 잘 알지만, 선뜻 다가서지 못하는 사람들에겐 공통적인 특이점이 있습니다. '나는 그림을 못 그리는 사람이다'라고 사실을 결정해놓은 사람들입니다. 그러나 그 한계점만 넘어서면 그림의 특징인 색과 형태에서 누릴 수 있는 자유는 무궁무진합니다.

　두뇌 활동에선 자신도 모르는 비밀스러운 무의식이 있습니다. 다른 작품을 모방하지 않고 자신 스스로가 원하는 작업 활동을 하다 보면 스스로 기호하는 색이나 형태를 찾게 됩니다. 그것이 자신의 무의식이 가시적으로 표현되는 과정입니다. 보통의 경우, 그것에서 성취감을 느끼기도 하고요. 자신의 세계에 몰두하다 보면 담백한 자신의 세계와 만나게 됩니다. 화면은 또 다른 세상입니다. 복잡한 현실에서 거리를 두고 싶을 때 효과적인 정서적 영역을 경험해서 다른 세상을 만나는 것, 이것이 미술을 즐기는 방법입니다.

정숙희 〈꽃〉

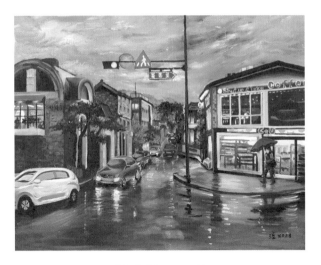

곽순희 〈비 오는 오후〉

김혜복 〈투영〉

여기 본문에 삽입된 참고작들은 본인과 3~4년 같이 작업을 하신 분들입니다. 이분들과 이야기를 주고받을 때가 많은데 중요한 공통점은 사물을 보는 방법이 많이 달라졌다고 이야기하십니다. 길섶에 피어있는 가치 없는 풀들도 애정을 갖고 보게 되었고 대상에 관한 사고의 방법이 무의미에서 유의미로 바뀌어 가치에 대한 편견이 없어져 더욱 주변을 사랑하게 되었다고 말씀하십니다. 전직 교사였던 분은 퇴직 후 그림 제작 활동을 통해 새로운 삶을 열게 되었다 하시고 새로운 두뇌 활동으로 발전하는 지금의 상황이 너무 좋다 하십니다. 직장을 다니면서 틈틈이 시간 내어 미술 활동을 하시는 분. 전업주부로서 비어 있는 시간을 알차게 활용하시는 분. 이렇게 충실히 자신을 업사이클링하며 자신에 대한 결과물이 확실한 취미미술 활동을 하고 있습니다.

그런 아름다운 미술 활동을 통해 삶의 질을 높여나가고 있습니다. 여행지에서 기억에 남을 만큼 날씨가 좋은 날, 스케치북을 꺼내어 풍경을 스케치하고 그곳을 사색하는 시간. 그런 자신을 상상해 보십시오. 아름답지 않나요?

■ 이두섭

· 홍익대학교 미술대학졸업

· 개인전 19회(인사아트센터, 캐나다 토론토. 일본 고베 외)
  단체전

· 1983 호안미로 국제 드로잉전(스페인, 바르셀로나)

· 1985 mail art전(제3미술관, 서울)

· 1988 서울-세계 오늘의 미술전(디자인포장센터, 서울)

· 1988 오늘의 작가전 기획, 오늘의 청년전(문예진흥원 미술회
  관, 서울)

· 1991 서울 방법전(문예진흥원 미술회관 외)

· 2007 타쉬켄트 국제 비엔날레 특별전(우즈베키스탄국립미술관)

· 2010 CIAF서울국제 미술제(서울 시립미술관 경희궁분관, 서울)

· 2011 광화문 국제 아트 페스티벌(세종문화 회관 미술관, 서울)

· 2012 제8회 일한 현대미술 동행전(교토 시립미술관 별관, 교토)

· 2018 KIAF/Seoul(COEX)-2016 한국 화랑미술제
  (COEX, 서울)

· 2018 ICA 한일현대미술전 (충무아트센터, 서울) 외 국내외
  단체전 300여 회

음악은 인간 감정의 진지한 표현이다.
음표와 음악의 구조는 마음의 언어를 전달한다.

– 요한 포르켈 –

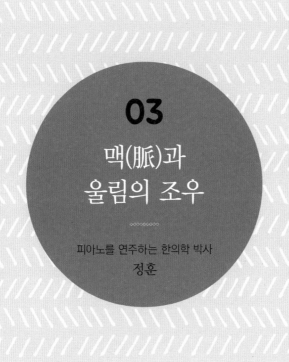

03

맥(脈)과
울림의 조우

피아노를 연주하는 한의학 박사

정훈

1993년 개봉작 영화 〈피아노〉의 주인공 에이다는 여섯 살 때부터 말하는 것을 그만두고 침묵을 선택한다. 그녀가 말 대신 세상을 향해 자신의 감정을 표현하는 도구로 쓰는 것은 바로 피아노다. 그녀가 피아노를 연주하는 순간만큼은, 말로는 대신할 수 없는 모든 열정을 손끝으로 끌어 모아 마치 손가락으로 춤을 추듯 자유로워진다. 그녀는 남들처럼 말을 할 수 없지만, 대신 그녀에게는 말을 대신할 수 있는 두 손과 그 두 손으로 연주할 수 있는 피아노가 있었다.

적막한 무대 위에 놓여있는 한 대의 검은 그랜드 피아노. 피아니스트가 무대 위로 그리 무겁지도, 그리 가볍지 않은 걸음으로 걸어 나온다. 그리고 피아노 앞에 앉아 작은 숨을 한 번 내어 뱉고 연주를 시작한다.

양손이 자유롭게 건반 위를 춤을 추듯, 꿈을 꾸듯 날아다니는 그 모습은 언제나 보아도 아름답다. 피아니스트의 두 손은 건반 위에서 한없이 가볍고 경쾌한 소리를 내는가 하면 한없이 지옥으로 떨어질 듯 무겁고 어두운 소리도 낼 수 있다. 88개의 건반으로 자신의 내면을 표현할 수 있다는 것. 그리고 열 손가락을 이용해 천국과 지옥을 연주할 수 있다는 것. 바로 피아노를 연주할 수 있는 자만이 소유할 수 있는 행운이다.

피아노 소리는 무거운 울림부터 가느다란 떨림까지 다양한 소리를 낼 수 있는 악기다. 연주하는 사람에 따라, 작곡가에 따라, 또 듣는 사람의 감정에 따라, 같은 음악도 다양하게 표현되고 느낄 수 있는 악기가 바로 피아노 아닐까 싶다.

한의학 박사 정훈은 그런 피아노를 연주하는 사람이다. 그리고 2018년 '한국 피아노 재능기부협회 아마추어 콩쿠르' 입상의 독특한 이력도 가지고 있다.

정 2017년 여름이었어요. 성악가인 형의 집에서 지내고 있는
데 문득 그 집에 있던 피아노가 눈에 들어오더라고요. 아
주 오래전 초등학생 때 피아노를 치고 이후로는 쳐본 적도
없었는데 그날 우연히 피아노가 제 마음으로 들어왔고 한
번 쳐보자 싶었어요. 형한테 '나 저 피아노 가지고 간다!'라
고 말하고 다음 날 바로 용달차를 불러 피아노를 제가 공
보의로 지내고 있는 보건소의 관사로 가져왔습니다. 피아
노를 가져온 뒤 개인 레슨도 받기 시작했지요. 하지만 어려
서 잠시 피아노를 배웠던 것이 다인데 성인이 되어 다시 피
아노를 시작한다는 것이 결코, 쉽지 않았습니다.

그날 이후 보건소 진료를 마친 뒤 하루 4, 5시간씩 연습
을 하기 시작했어요. 오른손과 왼손을 한꺼번에 치는 것도
제게는 무척이나 힘든 일이었습니다. 그래서 어떻게 해야
피아노를 잘 칠 수 있을까 고민하기 시작했고, 저만의 피아
노 연습 방법을 만들어 보았습니다.

일단 왼손만 먼저 연습을 하고 왼손 연습이 다 끝나면
그걸 녹음해 두는 겁니다. 그리고 왼손 연습이 끝나면 오
른손 연습을 시작해요. 왼손 녹음 파일을 틀어놓고요. 그
렇게 각각의 손 연습이 끝나면 천천히 양손을 맞춰보기 시
작합니다. 메트로놈을 내가 칠 수 있는 가장 느린 상태로
맞춰놓고 연주를 하고 그것이 익숙해지면 좀 더 빨리 연습
을 다시 하고, 마지막에는 원곡의 템포 그대로가 되기까지

연습을 하는 겁니다. 기본기가 튼튼하지 않았던 제가 나름대로 고안해 낸, 저만의 최선을 다한 연습 방법이었어요.

처음에는 제가 악보조차 읽지 못해서 악보에 계이름을 다 써놓고 연습을 했었어요. 지금 생각해 보면 체르니 30번도 다 배우지 못한 제가 쇼팽의 곡을 연주해야겠다고 생각한 것 자체가 상당히 겁 없는 도전이었지요.

올해 나이 서른넷. 정훈은 공중보건의 근무를 막 마친 젊은 한의사다. 또박또박하면서도 예의 바른 말투, 호기심 가득하면서도 상대의 말을 하나라도 놓치지 않으려는 진중한 눈빛이 너무나도 매력적인 청년이기도 하다.

정 저는 어디에 가서든 제 존재감을 드러내고 자신 있게 나서는 것을 정말 좋아해요. 피아노를 시작한 것 또한 그러한 제 성격이 잘 드러났던 결심이었다고 생각하고요.

　어려서부터 성악가인 형을 따라다니면서 많은 무대를 보아왔어요. 지금은 너무나 유명한 성악가가 된 형이지만, 예전에 형이 대학생일 때 무대를 준비하고 공연하는 전 과정을 제가 매니저처럼 따라다니며 도왔었어요. 언젠가부터는 그런 형이 너무 멋있게 느껴지며 형이 서는 그 무대를 동경하는 마음도 가졌던 거 같아요. 그러면서 '나도 저 무대에 서고 싶다'라는 생각도 하게 되었고요. 피아노를 치고 어느 정도 실력을 쌓아 올린 뒤에는 나도 형처럼 관객과 소통하고 싶다는 생각도 하게 되었고 그런 맥락에서 아마추어 콩쿠르도 나갔던 것 같아요. 제가 연습하는 곡은 꼭 녹화해 두었다가 형한테 보내서 전문가의 시선으로 조언을 얻거나 친구들한테 보내서 관객의 입장에서 피드백을 받기도 하고요. 피아노 실력이 어느 정도 늘고 나서부터는 피아노가 있는 곳이 있다면 남의 이목을 신경 쓰지 않고 꼭 연주해 보곤 합니다. 물론 어떻게 보면 남들 앞에 나서는 저의 성격이나 도전적인 자세가 어색하거나 색다르게 보일수 있습니다. 하지만 이러한 제 행동의 배경에는 조금 특별한 이유가 존재해요.

환자가 의사를 보러 가는 이유 중의 하나가 바로 '나의병을 낫게 해줄 수 있어서'잖아요. 그렇다면 내 병을 낫게할 의사에 대한 '믿음'이 있어야 하겠지요. '그 믿음은 어디에서 오는가?'에 대한 생각을 많이 해 보았습니다. 바로 의사가 가지고 있는 기본적인 의술과 그 의술을 행할 수 있는 의사의 능력, 평소 자신이 진찰하는 분야에 관한 연구가 가장 첫 번째 요건이 되어야 하고요. 그리고 그다음으로 중요한 것이 의사가 가지고 있는 '매력'이라고 생각해요. 솔직히 환자들이 의사를 찾을 때 그 의사가 어느 분야에 어떤 논문을 보유하고 있는지, 지금은 어떤 연구를 진행하고 있는지 그런 것들은 잘 알 수가 없잖아요.

그래서 환자들은 어느 한의원의 어떤 선생님이 친절하대, 혹은 침을 잘 논다더라 하는 소문을 듣고 찾아가기도하고요. 그런 모든 것의 바탕에는 환자를 끌 수 있는 의사만의 '매력'이 있어야 한다는 생각이에요. 그 매력이 있으려면 일단 의사 자체로 환자를 대할 때 자신감이 있어야 하고 그런 자신감을 키우려면 의사로서의 내면이 강해야 한다고 봐요. 제 내면을 강하게 가꾸려면 저만의 어떤 방법이 있어야 한다고 보는데 저에게는 피아노가 바로 그런 방법이 된 겁니다.

제가 피아노를 연주하기 위해 무대에 올라요. 관객은 그 앞에 앉아있고요. 저는 그동안 열심히 연습한 저만의 방법으로 연주를 시작합니다. 제가 가진 내면의 감정을 모두 끌어올려 최대한 많은 표현을 하면서요. 관객은 한껏 부풀어 오른 감상을 담은 눈으로 저의 그 모습을 바라보고요.

제가 의도한 어떤 부분에 감정을 많이 실어 표현을 하면 관객이 감동이라는 것을 느끼게 되는데, 바로 그 순간 연주자로서 희열을 많이 느낍니다. 나의 진심이 누군가에게 피아노라는 악기를 통해 닿는 그 기분. 그 기분이 정말 좋거든요.

한의사로서 환자를 대하는 것도 그것과 비슷하다는 생각이 들어요. 환자가 아픈 부분을 제게 말하고 진찰을 받죠. 그동안 제가 공부했던 것, 임상적인 경험 모두를 고려하여 환자를 치료합니다. 제가 환자를 대하는 태도와 진료, 그리고 환자가 저에게 갖는 믿음과 치료 결과 이 모든 것이 합을 이룰 때, 결과적으로 환자에게 그것이 유익한 결과가 되어 증상이 호전되었을 때, 의사로서 만족감을 느낍니다.

저는 한의학 박사과정이 끝나고 양평군의 공중보건의로 2019년 3월까지 근무를 했었어요. 군내에 있는 여러 지소를 옮겨 다니며 진료를 했었는데, 제가 동쪽 지소에서 서쪽 끝 지소로 옮기고 얼마 안 있다가 낯익은 환자분이 밝은 기운을 가득 끌어안고 저의 진료실로 들어오시는 거예요. 저에게 진료를 받으시려고 한 시간 반이 넘게 걸리는 반대편 진료소까지 오신 거죠. 그 환자분을 뵙는 순간, 너무 기분이 좋고, 감사했어요.

그때 의사가 가진 매력이 참 좋은 거란 생각을 했죠. 물론 제 진료가 그 환자분에게 좋았으니 저를 찾아오신 거라지만, 아무리 병을 잘 치료하는 의사라도 환자를 무시하거나 기분 나쁘게 한다면 어느 환자가 그 의사를 찾아가겠어요. 그래서 의사로 진료를 하다 지치는 순간이 오면 그 환자분께서 저에게 해 주셨던 말을 자꾸 생각하게 됩니다. 그럼 힘든 순간도 빨리 잊게 되는 것 같아요.

"제 병을 낫게 하는 치료를 받으러 한의원을 찾아왔는데, 진료를 받으면 받을수록, 선생님 얼굴을 보는 순간 병이 낫는 것 같아서 계속 오게 된다니까요."

요즘 패션과 미용에 아낌없는 투자를 하는 남성들을 일컬어 '그루밍(Grooming)족'이라는 말을 쓴다. 마부(Groom)가 말을 빗질하고 목욕을 시키는 데서 파생한 신조어인데, 자신을 돋보이기 위해 피부나 미용, 성형에 투자를 아끼지 않는 남성들을 주로 지칭하는 말로 쓰이고 있다. 하지만 그렇다고 그들이 비단 외모에만 투자한다고 생각하면 오산이다. 물론 그런 부류의 그루밍족도 존재하긴 하지만 한의사 정훈을 보고 있으니 내면과 외면, 모두를 그루밍 하는 남성의 대표적인 케이스로 보아도 되지 않을까 싶을 만큼, 그는 자신의 일과 취미 모두를 아울러 그루밍(Grooming)하는 한편, 훨씬 더 많은 그로잉(Growing), 즉 성장을 하고 있는, 이 시대의 매력 넘치는 청년이라는 생각이 든다.

정   인생의 별다른 목표가 없던 고등학교 2학년 시절, 저는 그렇게 공부를 잘하는 학생이 아니었어요. 그러다가 고3이 되었는데 어느 대학을 가야 할지, 내 인생의 진로를 결정해야 할 시기가 되었다는 생각이 문득 들었습니다. 원래는 교사가 되고 싶었고 역사교육 학과에 들어갔었는데 고3 1년간 열심히 해서 꽤 좋은 성적으로 대학에 합격하고 나니 제 자신에게 좀 아쉬운 생각이 드는 거예요. 좀 더 일찍, 좀 더 열심히 했더라면 어땠을까 하는. 그래서 재수를 결심했고 한의학과에 입학하게 되었습니다. 첫번째 꿈으로 가졌던 교사라는 직업과 의사라는 직업이 '나의 지식으로 타인에게 도움을 줄 수 있다'라는 공통점도 있었고요.

한의사 정훈이 말하는 피아노와 한의학. 어찌 보면 전혀 다른 그 두 가지가 정훈이라는 사람을 통해 너무나도 조화롭게 어울린다는 느낌이 드는 것은 왜일까. 나는 인터뷰 도중 가만히 그 둘이 가진 '이미지'라는 것을 떠올려 보게 되었다.

피아노는 하나의 주요 선율과 그 선율을 받쳐주는 조화로운 화음을 이루는 것이 가능한 악기이다. 오른손으로는 밝고, 명랑한 선율을 연주하면서도 왼손으로는 낮은음과 느린 템포의 선율을 연주할 수도 있으며 그 상반된 두 가지의 선율이 모여 하나의 신비롭고 아름다운 화음을 이루어 내기도 한다.

한의학을 생각해 본다. 한의학은 환자가 아픈 증상도 중요하게 생각하지만 그 증상을 가지게 된 환자의 배경과 원인을 찾는 데도 집중을 한다. 환자의 타고난 기질, 그리고 한의사가 하는 진맥 등을 통해 나타난 증상 하나뿐 아니라 증상에 배경이 되는 상황을 바탕으로 환자를 위한 가장 좋은 치료방법을 의사가 모색하는 의학이기도 하다.

마치 피아노 선율이 단 하나로만 이루어진 것이 아니듯, 한의학 또한 피아노가 가진 여러 개의 화음처럼 환자가 가진 증상 바탕에 있는 여러 가지의 원인을 찾아 다시 본래의 조화를 이루고자 하는 것이다.

정   보통 한의학 하면 단 하나의 과를 생각하시는 경우가 많은데, 제가 전공한 과는 재활의학과이고 한의학에도 8개의 과가 있어요. 중풍이나 암을 치료하는 내과와 침구, 재활의학을 하는 외과와 또 다른 과들이 존재합니다. 저는 치료를 통해 환자의 결과가 바로 보이는 것에 관심이 많았기 때문에 재활의학과를 선택했는데요. 재활의학과는 쉽게 말하자면, 교통사고 후유증이나 큰 수술을 받은 뒤 통증을 줄이기 위한 분들을 주로 보는 과라고 생각하시면 돼요.

제가 처음으로 맡아 가장 기억에 남는 환자는 21세의 여대생이었어요. 큰 교통사고 뒤에 심각한 골절과 머리 손상까지 있던 환자였고요. 양방적인 치료가 다 끝난 뒤 남은 통증과 재활을 위해 제가 레지던트로 있던 한방병원으로 옮긴 환자였습니다. 그 환자가 처음 내원했을 때는 대소변도 잘 못 가리고, 거동도 쉽지 않은 상태였어요. 스물한 살의 정말 활기찬 여대생이 한창 대학 생활을 즐겨야 할 시기에 큰 사고를 당해 병원에만 누워있는 것이 정말 안타까웠죠.

오랜 시간 동안 치료가 끝나고 그 환자가 한의학의 도움을 받아 재활을 무사히 마치고 밝은 모습으로 퇴원하게 되었을 때 보람과 기쁨을 느꼈습니다. 앞으로 재활의학을 좀 더 연구해서 환자들이 가지고 있는 통증을 줄이는데 열심히 해야겠다는 생각도 확고히 들었던 계기가 되었죠.

피아노에 관한 이야기뿐 아니라 한의학에 관한 이야기를 할 때 누구보다도 진지하게 변하는 한의사 정훈. 그가 한의사로서 갖는 꿈이란 어떤 것일까.

정 저는 두 가지 꿈이 있어요. 하나는 한의사로서 제 개인적으로 꾸는 꿈과 한의학 전체를 바라보았을 때의 꿈이에요. 먼저 한의사로서의 저의 꿈을 말씀드리자면, 제가 요번에 공보의가 끝나고 재활의학과에서 연구를 계속 이어나갈 예정인데 거기에서 하고 싶은 것이 '한방 피부 재활'에 대한 영역이에요. 한방 재활에서 제일 많이 하는 게 '수술 후 관리 재활'이거든요. 요즘 저는 그중에서도 피부 재활에 관심이 많이 있어요. 제가 석 박사 논문을 그 분야에 관해 썼었구요.

그때 했던 실험이 창상을 유발시켜 놓고 한약에 대한 여러 조건을 주고 결과를 보는 거예요. 그때 치료 속도와 염증이 줄어드는 것에 관한 연구를 했고요. 환자가 피부 재활을 목표로 내원했을 때 가장 그 결과를 좋게 만드는 것, 그것에 대한 학문적인 기초를 잘 다듬어서 제 연구를 바탕으로 환자를 위한 '한방 피부 재활'에 대한 영역을 확고히 만드는 것이 제 개인적인 한의사로서의 꿈이에요.

그다음으로 한의사로서 좀 더 큰 의미의 꿈도 있습니다. 한의과에 전문의가 있는 것을 사람들이 잘 몰라요. 하지만 한의사 전문의제도가 생긴 지 벌써 15년이 넘었거든요. 8개의 과가 있는데도요. 환자들이 이렇게 모른다는 것은, 거꾸로 생각하면, 전문의제도에 4년을 더 투자하고 연구한 한의사가 있는데도 그들을 찾아가지 못한다는, 환자의 입장에서 기회가 박탈된다는 의미이기도 하니까요. 이왕이면 본인이 보고 싶은 과에서 더 많은 공부를 한 한의사를 찾아가는 게 환자에게도 더 득이잖아요.

그래서 올해 2월 말에 한의사 전문의 선생님들을 모아서 대한 한의사 전문의 협회를 만들었어요. 이런 협회가 우리 전문의 한의사들의 입장을 표명해 주기도 하고, 환자들을 위한 홍보를 해줄 창구가 되기도 하고요.

한의사 전문의가 약 3,000명 정도 돼요. 적은 숫자가 아니죠. 그래서 이런 한의사 전문의들이 모인 협회가 만들어졌고요. 제가 1대 회장으로 선출되었습니다. 저는 요즘 이제 막 이 협회를 만드는 일에 집중하고 있습니다. 이 협회를 통해 한의사 전문의와 환자와의 소통이 잘 될 수 있도록 하고 싶은 소망이 크죠.

한의학 박사 정훈과 그가 사랑하는 피아노. 어찌 보면 아무런 연관성이 없는 그 두 가지는 정훈이라는 사람을 통해서 묘한 어울림을 만들어 내고 있었다. 나는 그 둘을 생각하다 한의학의 '맥(脈)'과 피아노 소리의 '울림'을 떠올렸다. 한의사 정훈이 환자를 치료할 때 가장 먼저 짚는 맥이라는 것, 타인의 기를 살피고 그 기가 어떻게 흐르는지를 관찰한다는 것은 한의사로서 정말로 중요한 일 중 하나일 것이다. 그런 그가 손끝으로 맥을 짚듯 피아노를 연주하며 사랑하는 음악을 느끼고 그 울림을 가슴속에 간직한다는 것에 나는 의미를 두고 싶다.

맥이라는 것은, 사람이 가진 증상만 반영하는 것이 아니라 그 사람의 특성도 반영한다고 한다. 병이 있을 때는 맥에 문제가 생기고, 병이 없는 사람에게는 그 맥에도 생기가 있으며 '동의보감'에서는 남녀노소 차이, 살이 찌고 안 찌고의 차이, 키와 성격의 차이 등에 따라서도 그 맥이 다르다고 한다. 피아노라는 악기를 마주하고 앉아 건반 하나하나를 누르고 그 울림을 손가락 끝으로 느낀다는 것. 어쩌면 타인의 맥을 짚어 그 맥의 생기를 헤아려야 하는 한의사 정훈에게는 피아노를 연주하고 그 음을 느낀다는 것이 한의사로서 가질 수 있는 참 아름다운 취미일 수 있겠다는 생각이 든다.

그와 이야기한 시간이 두 시간 남짓 흘렀을까. 피아노를 치는 남자, 본인의 외면과 내면 모두를 그루밍 하는 젊은 사내의 느낌으로 보였던 그는, 점점 인터뷰 시간이 늘어갈수록 한의학을 말할 때 누구보다 진지하고 깊이 있어 보였다. 아직은 하고 싶은 것도, 할 것도 많은 서른넷의 한의사 정훈.

하지만 그렇게 모든 일에 호기심과 열정이 넘치고 패기 넘치게 자신감으로 도전하는 그가 힘들고 버거운 일이 생겼을 때는 어떤 생각을 할지도 궁금해진다.

정 저도 사람인지라, 제가 꿈꾸는 일, 또 하고 싶은 일들이 너무 버겁고 힘들 때도 가끔 있죠. 이렇게 하는 것이 맞는 것인지 헷갈리기도 하고요. 그럴 땐 형에게 전화해요. 한 시간 동안이나 통화하기도 하고요. 제가 고민 중인 문제를 형에게 털어놓기도 하고, 조언을 구하기도 하고요. 피아노를 처음 시작하게 된 동기도 형에 대한 저의 동경이었으니까요.

정훈의 형 바리톤 정경은 3·1절, 광복절, 현충일 등 국가 중요행사에서 독창자로, 또 뉴욕 카네기 홀, 맨하튼 메트로폴리탄 공연을 하는 등 미국과 유럽, 아시아 등지에서 매년 100회 이상의 공연을 활발하게 활동하고 있는, 대한민국의 자랑스러운 성악가다. 그는 오페라와 드라마를 결합하여 만든 '오페라마(OPERAMA)'라는 새로운 장르를 개척해 예술가로서의 독특하고도 창의적인 행보를 이어가고 있다. 그런 형의 이야기가 시작되자 자랑스러운 웃음을 짓는 정훈의 모습에서 그가 입은 노란색 스웨터처럼 따스한 형제애가 느껴졌다.

정   저도 형을 닮아서 에너지가 넘치는 것 같아요. 사실 매년 빠듯한 공연 일정을 소화하는 형의 에너지는 제가 따라가지 못할 정도예요. 하지만 그렇게 바쁜 형도 제가 전화하고 고민을 털어놓으면 열 일을 제치고 제 이야기를 들어주고요. 주변에 좋은 지인이 있으면 일부러 저에게 소개를 시켜주기도 하면서 저를 챙기기도 하죠. 형도, 저도 둘 다 꿈이 많고 열정이 많은 편인데, 부모님께서 저희를 좀 자유롭게 키워주셨던 부분이 저희 형제를 이렇게 만들어 주신 거구나 하는 생각을 요즘 하게 돼요.

　　부모님께서는 저희가 늘 하고 싶은 일은 확실하게 지지해 주셨지만, 항상 '그 일에 책임을 져야 한다.'라고 가르쳐 주셨어요. 그래서 어떤 일이든 시작할 때는 책임감이란 것에 무거운 마음의 추를 두고 시작하는 것이 습관이 되었죠.

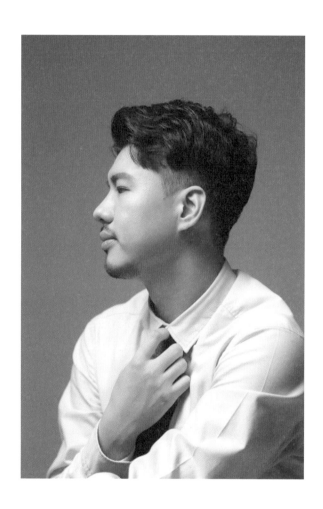

정훈은 형 정경이 밀라노에서 성악을 공부하던 시절, 밀라노의 아카데미에서 한 달 정도의 짧은 음악치료 과정을 이수했는데 이때 다양한 악기들을 접하면서 피아노에 대한 더 많은 흥미를 느끼게 되었다고 한다. 그는 음악치료를 접하면서 한의사로 환자에게 더 많은 라포(rapport, 상담이나 교육을 위한 전제로 신뢰와 친근감으로 이루어진 인간관계)를 쌓아 진료해야겠다는 결심도 하게 되었다고. 피아노를 통해 한의사로서 환자에게 다가가겠다는 그의 의지가 한 명의 환자로서 고맙게 느껴지는 순간이었다.

　한의사 정훈에게 있어서 '피아노를 친다는 것'은 무엇일까.

정　피아노는 저에게 '또 다른 의술'인 것 같아요. 저라는 사람을 이루는 여러 가지 조각들이 있잖아요. 피아노도 저를 이루는 조각 중 한 부분이고 한의사도 저를 이루는 한 조각인데요. 이 조각들이 모여서 저라는, 정훈이라는 한 사람을 만드는 거 같아요. 피아노를 치면서 제 삶의 힐링 포인트를 찾는 것, 한의학을 공부하고 환자들을 진료하면서 제 인생을 착실하게 살아나가는 것, 그 모든 것들이 모여서 제가 된다고 생각합니다.

　　즐겁게, 그리고 행복하게 피아노를 연주하는 것이 저에게는 참 좋은 일 같아요. 제가 피아노를 연주하는 모습을 보고 사람들이 '아, 저 사람 그 한의사네!'하고 기억을 해주는 것도 좋고요. 저에 대한 흥미와 호기심을 통해 저의 연구와 진료도 함께 알려지는 것도 저에게는 참 중요하고 즐거운 일이에요.

좀 시간이 걸리겠지만, 지금 시작하고 있는 일들이 제자리를 잡고 안정이 되면 음악회를 열어 보고 싶은 소망이 있어요. 올해에는 차이코프스키의 사계 중 6월을 연습하고 있는데요. 이 곡을 제 나름대로 완벽하게 소화하는 것이 목표거든요. 이렇게 몇 곡 정도 제 실력이 차곡차곡 쌓이게 되어 연주할 수 있는 곡들이 좀 생겼을 때, 음악회를 열어 보고 싶어요. 물론 저희 형도 그 음악회에 강제로 나와야 하겠고요. (웃음) 다양하게 음악을 하고 있는 게스트들도 출연시키고 저에게 진료를 받는 환자들도 함께 모시고 해서 '한의사 정훈의 음악회'를 열어 보고 싶습니다.

나중에, 한 10년 정도가 지나 한의사 정훈을 만나게 된다면 그가 어떤 모습을 하고 있을지 너무나 궁금해진다. 아마도 내 예상이 맞는다면, 그는 더 멋있는 모습으로, 더 성숙해진 피아노 연주 실력을 갖추고, 지금보다 훨씬 더 깊이 있게 한의학을 공부해 환자들에게 좋은 의술을 펼치고 있는 한의사가 되어 있을 듯하다. 그리고 나는 그날이 너무나도 기대가 된다.

음악이 주는 선물

글 | 음악치료사 **심혜련**

　최근 어떤 예술 장르를 접했는지 사람들에게 물어보면 단연 음악을 접했다는 사람들이 많습니다. 미술 전시회를 다녀왔다든지 무용공연을 관람했다든지 연극을 보았다는 사람들보다는, 출근길 라디오에서 흘러나오는 클래식을 들었고, 핸드폰의 음악 스트리밍 서비스로 좋아하는 음원을 찾아보았으며, 회식이 끝나고 노래방에 가서 목청껏 가요를 불렀다고들 합니다. 우리 삶에 가장 친근하게 있는 예술이 음악이라는 데에는 이견이 없으며 나아가 적극적으로 음악을 취미로 하는 사람들도 많습니다. 우리는 왜 이리 음악을 가까이하는 걸까요? 음악이 우리에게 주는 이점은 무엇일지 생각해보고 특히 스트레스 관리에 어떤 도움을 주는지 살펴보겠습니다.

　첫째로, 음악은 감정을 돕습니다. 드라마의 슬픈 장면에서 경쾌한 음악이 나온다고 상상해보세요. 아마 우리는 주인공의 감정에 전혀 공감하지 못하고 오히려 웃음이 날 겁니다. 귀를 통한 음악의 전달은 해부학적으로 뇌의 여러 부분이 관여하지만 특히 림빅시스템(인체의 기본적인 감정, 욕구 등을 관장하는 신경계)의 변연계를 자극합니다. 그런데 이 변연계가 바로 인간의 감정을 담당하는 부분입니다. 따라서 음악과 감정을 주관하는 뇌가 같은 부위이기 때문에 직접적으로 우리는 감정의 촉발 및 심화를 경험하게 됩니다. 음악이 주는 이러한 특징을 이용하여 우리는 음악과 함께함으로써 더 행복함을 느끼기도 하고, 슬픔을 공감받기도 합니다. 나와 감정의 주파수가 맞는 좋은 친구를 얻는 셈이 되는 거지요. 음악의 정서순화의 기능은 이러한 원리입니다. 그러니 하나의 팁은, 슬플 때 나를 고무시키겠다고 행복이 넘쳐나는 빠른 템포의 음악을 듣는 건 도움이 되지 않는다는 겁니다. 내가 힘들고 슬픈데 음악의 에너지가 높으면 그 차이로 오히려 상실감이 들 수 있습니다. 그럴 때는 나의 감정과 비슷한 슬픈 음악을 찾아 듣는 작은 노력으로, 내 감정을 공감해주는 멋진 지지자를 만들어보세요.

둘째로 음악이 주는 이점은 지금-여기에 있게 한다는 것입니다. 음악은 시간의 예술입니다. 음악이 시작되어 종결되는 것은 시간의 흐름에 따라 음파가 생겼다가 사라지는 것입니다. 파동은 물질이 아니기 때문에 시간이 흐른 후 결과물을 손에 쥘 수 있는 형태가 아닌 것이 음악의 큰 특징입니다. 물론 녹음하거나 작곡한 것을 기보하거나 하는 추가적인 작업을 제외한 일반적인 음악 활동 이야기입니다. 가령 내가 한 곡의 피아노곡을 연주한다면 그 곡을 연주하는 시간에는 온전히 그 곡과 함께 내 삶을 사는 것입니다. 다른 대상이 끼어들 틈이 없이 나와 음악만이 있습니다. 미래를 걱정하거나 과거에 집착하는 것이 아닌 현재를 사는 순간입니다. 지금-여기에 있게 합니다. 많은 경우 스트레스는 필요치 않은 고민으로 시간을 쓰며 지금-여기에 있지 않기 때문입니다. 음악은 순간순간 우리에게 내가 이 시간에 존재함을 오롯이 느끼게 합니다.

셋째, 음악의 특징 중 하나는 모호함에 따른 안정감입니다. 어느 날 피아노를 주먹으로 마구 치며 즉흥연주를 하고 있는 사람을 만난다면, 그 사람이 지금 어떤 상태인지 대충 짐작할 뿐이지 정확히 내용을 알 수가 없습니다. 그 사람과 언어적인 상담을 통해 부부싸움을 하고 짜증이 났다는 것을 알기 전에는, 그 연주는 모호함과 상징성으로 그의 이야기를 가리고 있습니다. 이처럼 명확하지 않은 음악의 특징은 단점으로 보일 수 있으나 이는 오히려 안전한 환경을 제공한다는 이면의 장점을 취할 수 있게 합니다. 제가 음악치료 현장에서 클라이언트에게 듣는 이야기 중 하나가 모든 것을 다 이야기해야 하는 부담감 없이 음악으로 안전하게 표현할 수 있어서 편안하다는 말입니다. 음악이 가진 모호함과 상징성은 분석적이고 합리성을 요구받는 현대인들에게 좋은 안식처가 됩니다.

넷째, 음악은 다양한 삶의 경험을 줍니다. 음악은 인간의 삶의 대변인이자, 경험의 결과물입니다. 작곡가의 경험이 그대로 반영되었으며 음악의 감상자나 연주자는 그들의 경험을 반영하여 음악을 재창조합니다. 인간의 집단 무의식을 담은 음악은 인간의 삶을 상징합니다. 음악이 미적인 경험을 주는 것에서 나아가 아이디어, 관계, 느낌, 인생관 등에 관련하도록 하는 것이 음악 경험의 중요한 의미라고 할 수 있습니다. 가령 작곡을 해본다고 한다면, 내 경험이 가진 이슈를 나와 분리하여 음악으로 객관화하는 과정이라 볼 수 있으며, 이는 문제를 가볍게 풀 수 있는 좋은 환경이 마련된 것입니다. 또 다른 예로 베토벤의 곡을 피아노로 연주한다는 것은 곡에 드러난 느낌을 상상하고 더 깊이 느끼려고 노력하는 과정에서 베토벤의 삶을 느끼게 되고 연관되어 내 삶이 변화할 수 있습니다. 내게 잘 기능하지 못하는 면이 관계일 수도, 성취일 수도 있으니 음악 외적 변화의 포인트는 각자의 몫이겠지요.

지금까지 음악이 주는 선물을 간단히 살펴보았는데 음악이 가지는 본연의 특징과 음악과 삶의 관련성까지 생각해보면 실로 커다란 선물임을 느낄 수 있습니다. 음악치료는 삶에서 이슈가 있을 때 음악치료사와 그 필요에 대해 함께 이야기하고 잘 세팅된 음악 활동 안에서 음악 외적 목적을 달성하기 위한 과정을 가지게 됩니다. 누군가가 그러더군요. 나라에서 허락한 유일한 마약이 음악이라고. 강력한 음악의 힘과 함께 삶이 더 풍성하게 느끼시길 기대합니다.

■ 심혜련

· 현 음악치유 전문기관 익사이팅 뮤직테라피 대표 음악치료
  사. 국내 임상음악치유공연 1호 음악치료사, 기업, 공공기
  관, 학교 음악치유공연 다수, 숙명여대 음악치료대학원 졸업

내 몸 안이 모두 바뀌어서 불길이 치솟는 것 같고

전 그냥 거기서 날아가요. 새처럼요.

마치 전류를 탄 것처럼 그래요.

전류를 타고 날아다니는 것 같아요.

- 영화 빌리 엘리어트(Billy Elliot, 2000) 중에서 -

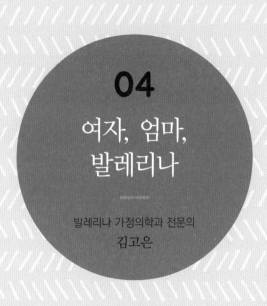

04

여자, 엄마,
발레리나

◇◇◇◇◇◇◇

발레리나 가정의학과 전문의

김고은

✳

차이코프스키의 3대 발레 음악 중 하나인 〈백조의 호수〉. 이 작품은 우리가 현재 '발레'라는 것을 떠올릴 때 가장 먼저 생각하게 되는 공식과도 같은 작품이다. 우아한 한 마리의 백조가 무대 위를 나는 듯한 몸짓을 하는 발레리나의 아름다운 모습은 굳이 발레에 대한 큰 이해가 없더라도 탄성을 자아낼 정도로 아름답다.

하지만 이토록 아름다운 백조의 춤을 추기 위해 발레리나들이 연습하고 또 연습하는 그 시간은 거의 고행에 가깝다고도 한다. 지독한 연습벌레로 유명한 발레리나 강수진의 발 사진이 떠오른다. 나는 그 사진을 처음 봤을 때 발레리나의 발이라고는 상상하지 못하고 어떤 환자의 발이 아닐까 하는 생각을 했었다. 그 발은 관절 마디마디가 울퉁불퉁 튀어나오고 발톱은 군데군데 빠져, 도저히 아름다운 발레리나의 발이라고는 믿어지지 않았다. 지금은 발레리나의 발로 알려진 유명한 사진이지만, 그 사진이 알려질 당시 나와 같이 충격을 받았던 사람들도 많이 있었을 것이다.

그 발의 주인인 발레리나 강수진에게 젊어서 세계 무대를 휘어잡던 마돈나의 시절로 돌아간다면 다시 어떤 일을 하고 싶냐고 누군가 물었었다. 그녀는 그 질문에 '노력이 아까워서 못 돌아간다.'라고 대답했다고 한다. 발레리나 강수진은 누구보다도 가슴 뛰는 삶을 살았고, 지금까지도 많은 여성에게 본보기가 되는 삶을 사는 여성으로 여겨진다. 그러기에 발레를 단순히 고상하고 특별한 취미로만 생각할 수는 없다. 많은 시간과 노력을 쌓는 사람만이 아름다운 백조의 우아함까지도 소유할 수 있기 때문이다.

가정의학과 전문의 김고은은 그런 발레를 10년째 취미로 해오고 있다.

김   저는 어려서 별로 활동적인 성격은 아니었어요. 가만히 앉
    아서 수학 문제 푸는 것을 정말 좋아했고요. 근데 엄마 눈
    에는 너무 정적으로 수학 문제 푸는 것만 좋아하고 성격도
    무뚝뚝하니까, 뭔가 활동성을 기를 만한 걸 가르쳐야겠다
    고 생각하셨나 봐요. 초등 2학년 때인가, 그렇게 엄마 손에
    이끌려 발레 교습소에 가서 발레를 배우게 되었어요.

       근데 막상 발레를 배워보니까, 너무 재미있는 거예요. 한
    2년 정도 배웠는데 그때는 또 제가 발레를 너무 좋아해서
    공부를 안 하고 발레만 하겠다고 하니까, 엄마가 다시 불
    안하게 되신 거죠. 그래서 슬프게도 발레를 그만두고 다시
    공부만 열심히 해야 했습니다.
       꾸준히 공부를 열심히 했고 의대에 진학해 예과 1학년이
    되어서 아르바이트로 학생 과외를 시작했는데, 그때 가르
    치던 여학생이 발레 전공을 하는 학생이었고 그 학생이 나
    중에 입시로 무용과에 진학했어요. 아르바이트하러 그 학
    생의 집으로 가면 방에 걸려있는 발레복이나, 토슈즈에 항
    상 눈이 갔죠. 수업이 끝나면 서로 발레에 관한 얘기도 많
    이 나눴고요.
       하루는 그 친구가 유니버셜 발레 아카데미에 성인 취미반
    이 있다고 알려주더라고요. 그래서 그때 아, 성인이 되어서도
    발레를 다시 시작할 수 있구나 하고 생각하게 되었죠.

어린이 발레리나 시절

　천생 여자 같은 외모에 발레를 취미로 하는 아름다운 의사 선생님만을 상상하고 인터뷰를 하러 갔지만, 막상 김 원장과 대화를 나누다 보니 낮은 톤의 목소리와 꾸밈없는 대답 한마디 한마디가 그녀의 성격이 여성스럽다는 것과는 좀 거리가 멀다는 생각이 들었다.

　하지만 그녀와 대화를 이어 나갈수록 그녀에게 묘한 두 가지의 느낌이 공존하고 있다는 생각이 들었다. 지적이고 이성적인 엘리트적인 모습과 아름다운 것을 꿈꾸는 여성적인 이미지가. 어떤 것이 그녀에게 더 큰 의미가 있을까 하는 호기심이 들었는데 머릿속에 떠올려지는 두 가지의 크기는 그리 중요한 것 같지 않아 보였다. 그저 그녀 안에 자리하고 있는 발레에 대한 열정이 그녀가 오랜 시간 동안 '발레'라는 취미를 즐기는 데에 아주 중요한 역할을 했던 것 같다. 그리고 그녀가 가지고 있는 두 가지의 상반된 이미지 또한 지금까지의 그녀를 만드는 데 중요한 역할을 했을 뿐이고.

김 사실 저는 고등학교 생활 동안 친구가 거의 없을 정도로 힘든 학창 시절을 보냈습니다. 허리가 너무 아픈 탓이었죠. 디스크 질환이 있었고 늘 통증과 함께 생활해야 하다 보니 친구들과 말을 하는 것도 귀찮고, 어울려 놀러 다니는 것은 더더욱 힘들었어요. 성격은 점점 어두워졌고, 제게 말을 걸거나 다가오는 친구들도 드물게 되었답니다. 그나마 공부를 열심히 하는 것만이 제가 아픈 와중에서도 할 수 있는 최선의 모습이었던 거 같아요. 학교에서 하루 종일 아픈 거 참고 수업 겨우 듣고 집에 와서 좀 쉬다가, 다시 독서실에 가서 공부 몇 시간 하고 집에 돌아오곤 한 게 고교 생활의 전부였어요. 허리도 아픈데 독서실은 왜 갔냐고요? 제가 다니던 독서실 의자가 굉장히 푹신해서 앉아있으면 그나마 허리가 덜 아파서 간 거였어요. 요즘 같으면 인터넷이 발달해서 그런 의자를 주문해서 집에 놓고 공부하거나 했을 텐데, 그때는 그럴 줄도 몰랐죠.

힘들게 입시를 겨우겨우 끝내고 디스크 수술을 받았어요. 수술을 받고 나서는 대학교에 다니면서 성격도 좀 밝아지고 학교생활도 좀 즐기게 되었습니다. 하지만 그동안 너무 웅크리고 지낸 탓이었는지 뭔가 제 생활을 좀 더 활기차게 바꿔보고 싶었는데 어려서 했던 발레가 다시 생각이 났어요. 과외 가르치던 발레 전공 학생의 영향도 있었고요. 그렇게 다시 발레를 시작하게 되었답니다.

　하지만 의대 공부가 만만치 않은 탓에 발레를 꾸준히 하는 것은 많이 힘들었어요. 본과 올라가서는 발레를 하는 건 아예 엄두도 못 내다가 전문의 시험이 끝나고 본격적으로 다시 시작하게 되었죠.

가정의학과 의사로 사는 김 원장은 일주일에 세 번은 발레 교습소를 찾는다. 종일 환자를 진료하는 의사로서의 일을 끝내고 난 뒤, 이제는 발레리나가 되어보는 시간이다. 물론 의사로서의 삶도 너무나 만족하고 있다고. 수학을 무척이나 좋아했던 여학생은 의사의 삶을 선택했지만, 수술하는 과는 자신과 맞지 않았다고 한다. 1차 의료로서 포괄적인 진료를 하는 매력이 있는 가정의학과를 선택한 것은 두고두고 잘한 선택으로 삼고 있다. 특히 같은 여성으로서 여성 환자들에게 진료와 함께 좋은 조언을 해줄 수 있다는 점도 가정의학과 의사의 장점이라 생각하고 있단다.

김 요즘 아름다움에 대한 여성들의 관심이 정말 뜨거운 사회 잖아요. 건강하게 사는 삶에 관심이 많기도 하고요. 그래서 가정의학과에서는 비만에 대한 진료도 함께 보고 있는데, 남자 선생님들에게는 좀 말하기 힘든 것들도 제가 여자이다 보니까 환자분들께서 솔직하게 말씀해 주세요. 제가 여자 의사다 보니 그런 점은 참 좋더라고요. 특히 임신과 출산을 겪으면서 살이 빠지지 않아 고민이신 여자 환자분들께 같은 경험을 했던 의사로서 조언해 드릴 수 있다는 점도 저의 장점인 거 같아요.

에를 들어서 저 같은 경우는 탄수화물 음식을 정말 좋아하는 편이거든요. 근데 제 체질은 근육이 잘 붙지 않는

몸이기도 해요. 관리를 게으르게 하면 살이 금방 찌기 쉽죠. 그래서 저는 평소에 식단을 좀 엄격하게 관리하는 편이에요. 제가 가장 좋아하는 떡볶이 같은 탄수화물 음식은 활동을 많이 하는 낮 위주로 먹고 아침저녁으로는 과일이나 채소, 단백질을 많이 섭취하려고 노력하고 있어요. 환자분들이 식단이 제일 힘들다고 말씀하실 때 이런 저만의 팁을 좀 드리기도 하고요. 그리고 환자분들과 여담으로 진료를 마치고 나서 육아에 관한 얘기도 조금씩 나누기도 해요. 저도 엄마이다 보니까 아이 얘기를 하게 되면 할 말이 많아지더라고요.

저는 아이를 정말 힘들게 가지고 낳은 엄마 중 한 명이에요. 막달에 기침을 심하게 하다가 갈비뼈가 부러진 경험도 있어요. 거기에다 디스크가 또 문제를 일으켜서 아이 낳고 6개월 정도 물리치료 후 다시 수술도 했어요. 아이를 너무 힘들게 낳아서 다시 임신하는 것이 두려워질 정도였는데 막상 아기를 키우다 보니 너무 예뻐서 지금 또 둘째를 임신하고 있답니다.

김 원장은 결혼할 무렵에도 발레를 한창 즐기고 있을 때였지만, 그때는 발레를 컨셉으로 한 결혼사진을 찍을 생각은 하지 못했다고 한다. 임신 후에는 임산부 운동으로 발레를 꾸준하게 하고 있었는데, 당시 발레 선생님께서 김 원장의 배가 점점 불러오는 모습을 보며 '고은 씨 만삭 사진은 꼭 발레 컨셉으로 찍어야겠다'라고 농담 삼아 말하곤 했었고, 우연한 기회에 발레리노이자 사진작가인 김경식 작가와 인연이 닿아 발레 컨셉의 만삭 사진을 찍게 되었다.

김 제가 집에 발레바(발레 연습을 할 때 사용하는 기구) 설치해 놓은 인스타그램의 사진을 보고서 김경식 작가님이 급히 연락을 주셨어요. 촬영에 급히 필요한데 바를 좀 빌려줄 수 있겠냐고요. 그렇게 바를 빌려 드린 것이 인연이 되어서 김경식 선생님이 제 만삭 사진을 찍어 주시게 되었죠. 발레리노 출신의 사진작가 선생님이시니까 발레 포즈를 더 생생하고 예쁘게 잡아 주셨어요. 그 사진 찍는 날 저희 발레 선생님도 스튜디오에 함께 오셔서는 옆에서 '어깨 내려!' '허리 펴고!'라고 소리 지르시면서 마치 발레 수업의 한 장면을 연출하는 것처럼 도와주셔서 정말 재미있게 만삭 사진을 촬영했습니다.

김 원장의 레오타드와 토슈즈

김 원장은 현재 블로그 '발레 하는 의사'와 개인 인스타그램을 통해 발레를 즐기는 의사로서의 삶을 다른 사람들과 공유하고 있다. 김 원장의 블로그와 인스타그램 속 모습은 여느 여성들처럼 직장을 다니고 간간이 취미생활로 발레를 하며 일상에서의 사소한 기쁨을 느끼는 그런 모습이었다. 예쁜 레오타드나 스커트가 있으면 또 사고 싶어 몸살이 나기도 하고, 그렇게 많은데도 또 샀냐는 남편의 타박에도 몰래몰래 하나씩 사들이며 즐거워한다는 김 원장의 이야기를 듣고 있으니, 그녀 역시 예쁜 것들에 마음을 빼앗기고 삶의 소소한 재미에 웃음 짓는 한 명의 평범한 여성이란 생각이 든다.

김 발레는 하면 할수록 어려운 춤이에요. 유산소 운동이기도 하면서 근력을 키우는 운동이기도 하고요. 음악을 들으면서 해야 하니까 예술적이기도 하고 리듬에 맞춰서 몸을 움직이니까 스트레스 해소에 정말 좋아요. 발레를 하면서 한 가지 아쉬운 점은 발레를 아무리 오래 했다고 해도 유연성은 좀 타고나야 하는 것이죠. 어느 정도의 난이도까지 이르게 되면 유연성이 점점 더 중요해지거든요. 저는 허리가 좀 안 좋은 편이니까 이제 유연성을 기르려 노력하기보다는 제 몸 상태에 맞춰 조심하며 발레를 즐기고 있습니다.

　발레를 처음 배우시는 분들은 발레 하면 토슈즈 신는 것을 가장 먼저 생각하시는데 연습할 때 가장 먼저 신는 것은 천 슈즈예요. 천 슈즈를 신는 것과 토슈즈를 신는 것은 하늘과 땅 차이랍니다. 토슈즈를 신는 클래스는 따로 있을 정도로, 토슈즈를 신는 것은 정말 어렵고, 클래스에도 난이도가 높죠. 처음 발레를 배우시는 분들은 천 슈즈를 신고 근력과 균형, 리듬감을 먼저 익힌다고 생각하시면 좀 쉬울 것 같아요.

저는 발레를 오래 하다 보니까 몇 작품을 완성해서 발표회에 올라 보기도 했답니다. 4-5개월 정도 연습해서 〈돈키호테〉라는 작품의 3막에 나오는 주인공 키트리의 결혼식 장면의 솔로 역할을 무대에 올렸던 것이 가장 기억에 남는데요, 거의 매일 연습하고 주말에도 맞춰보고 해서 체력적으로 너무 힘들고 발도 정말 아팠지만, 제가 좋아하는 작품의 주인공을 해 봤다는 그 성취감은 이루 말할 수 없이 짜릿했어요. 제 취미 발레의 정점을 찍은 순간이었다고 생각합니다. 이제 한 아이의 엄마가 되고 둘째를 임신했기 때문에 그렇게까지 열심히 해서 또 작품을 할 수 있는 날이 있을까, 라는 생각도 들기 때문에 더 그런 것 같아요.

요즘 우리나라도 발레를 취미로 하는 여성들, 그리고 남성들도 점점 늘어나는 추세다. 하지만 이웃 일본의 경우 발레를 즐기는 성인들의 문화가 우리나라보다도 더 많은 편이다. 일본에서는 아마추어 발레 콩쿠르도 많이 열리는 편이며 발레 관련 의류 산업도 많이 발달 되어 있다. 때문에, 예쁜 발레복의 구매를 위해 일본을 여행 겸 방문하는 사람들도 많다고.

김 발레를 할 때 입는 튀튀(발레리나가 착용하는 스커트)에는 두 가지가 있는데요, 옆으로 쫙 펴지는 클래식 튀튀와 아래로 길게 떨어지는 로맨틱 튀튀 두 종류가 있답니다. 저는 임신 전에 일본에서 그라데이션이 예쁜 튀튀를 주문제작 한 적도 있는데요, 주문량이 많아서 제작까지 6개월이 걸려서 받았거든요. 그리고 그걸 입고 만삭 사진을 찍었었죠. 그만큼 일본은 발레에 관한 관심과 사랑이 많은 나라에요. 저는 아직 직접 교습을 받아본 적은 없지만, 주변에서 발레를 즐기는 친구들은 일본에 관광을 가면 발레 교습소에서 레슨을 받는 코스를 넣어서 여행을 가기도 해요. 우리나라도 발레를 즐기는 분들이 더 많아져서 취미 발레 분야가 더 커졌으면 하는 바람이에요.

취미로 시작한 발레였지만, 10년이라는 세월이 지나며 발레는 김 원장의 생활 속 일부가 된 듯 보인다. 나만이 즐기는 작은 재미를 넘어, 이 취미를 많은 사람이 함께 알고 즐기면 좋겠다는 소망까지 이르게 한 걸 보니.

인터뷰를 진행하는 동안 잠시 김 원장이 핸드폰을 들어 친정 부모님과 통화를 했다. 아마도 아이를 봐주시던 부모님과 할 얘기가 있는 모양인 것 같았다. 엄마가 의사라는 것은 참 부러운 일 같다는 나의 말에 김 원장이 손사래를 친다.

김 저도 아이가 아프면 인터넷도 찾아보고, 소아과에도 가요. 의사라고 해서 자기 분야가 아닌 것까지 모두 아는 것은 아니에요. 물론 예전에 포괄적인 의학 지식은 다 배우긴 했지만, 전공 분야를 공부하다 보면 내 분야가 아닌 것은 또 잊어버리기도 하고요. 남편도 응급의학과 의사지만 저희 둘 다 초보 엄마 아빠라서 아이가 아플 땐 허둥지둥한답니다. 내 아이의 일에 대해서 남의 일처럼 냉정할 수 없는 것은 부모의 마음으로는 다 같은 거 아니겠어요. 그래서 엄마가 되고 난 후 병원에 찾아오는 엄마 환자들의 마음이 좀 더 읽어지기도 하고요. 아이를 낳은 후 의사로서, 여자로서 무언가 내면이 더 풍부해진 것이 저 자신에게 느껴집니다. 그런 감성을 발레를 할 때 더 녹여서 동작 하나하나가 섬세해지는 것 같기도 하고요.

엄마가 되기 전 발레를 할 때의 저의 모습은 풋풋한 그런 모습이었고 외모는 더 예뻤던 거 같아요. 결혼 후 아이를 낳고 시간을 쪼개 발레를 할 때의 제 모습은 몸매도 망가지고 전만큼 예쁘지도 않지만, 짧은 시간 동안 저를 위해 발레를 할 수 있는 것도 감사하고 엄마가 되면서 더 풍부해진 감성이 동작 표현으로 더 잘 나타나다 보니까 그런 면은 또 좋은 것 같더라고요.

'라 바야데르(La Bayadère)'는 김 원장이 좋아하는 발레 작품 중 하나이다. 프랑스어로 '인도의 무희'를 뜻하는 라 바야데르는 이국적인 인도의 황금 제국을 배경으로 하는 발레 작품이다. 무용수들이 쉴 틈 없이 화려한 춤을 이어가는 다채롭고도 아름다운 작품으로 유명하기도 하다. 주인공 니키야의 춤은 특히 어려운 고난이도의 발레 동작 중 하나로 꼽힌다. 뛰어난 테크닉을 유지하면서도 몸이 전혀 흔들리지 않고 정확한 감정 표현을 해야 하기 때문에 발레리나에게 절대적인 균형과 유연성이 필요하다고.

김 원장이 발레를 하면서 가장 열심히 연습하는 것 중 하나가 바로 '균형과 유연성'이다. 비록 숙련된 무용수처럼, 라 바야데르의 주인공 니키야처럼 완벽한 균형과 유연성을 기본으로 하여 발레를 할 수는 없지만, 상상하는 이미지를 마음속으로 그리면서 발레를 하려고 노력한다. 그리고 그것을 노력하는 것은 비단 발레에서 뿐만이 아니다. 엄마, 의사, 아마추어 발레리나로 살아가는 세 가지의 삶 속에서 자신만의 균형과 유연성을

찾고자 노력하는 것. 그것이 김 원장이 일상 속에서 찾고자 하
는 의미이다.

김 허리 수술 때문에 무척이나 어두웠던 고교 시절이 가끔 생
    각이 나요. 무언가 하고 싶어도 할 수 없었고, 마음은 늘
    통증으로 인해 찌들어 있었죠. 나도 병원 창밖으로 보이는
    내 또래 아이들처럼 나가서 저렇게 활기차게 생활하고 싶
    은데, 그럴 수가 없으니까 너무 화가 나는 거예요. 그때 저
    한테는 아빠가 빌려다 주신 만화책을 읽으면서 시간을 보
    내는 게 전부였으니 얼마나 답답했겠어요. 허리가 다 낫고,
    대학을 가고, 나중에 의사가 되면 꼭 재미있는 일들을 많
    이 하고 살아야겠다고 다짐했었죠. 하지만 막상 의사가 되
    고 나니까 세상이 그렇게 재밌지만은 않더라고요.
      모든 직장인이 느끼는 것이겠지만 즐거운 일에도 어디까
    지나 양면적인 감정이 존재하잖아요?
      제가 무척 좋아하는 일인 의사라는 직업도 종일 병원
    이라는 곳에 갇혀 환자를 보고 처방을 내리고 처치를 하
    고 하는, 어쩌면 단순한 업무가 이어질 수밖에 없어요. 물
    론 그 과정은 정말 신중하게 잘 이루어져야 하는 과정이
    죠. 환자의 건강을 돌보는 일이니까요. 이러한 스트레스를
    줄여주는 것이 바로 제게는 발레가 아닌가 싶어요. 조금은
    내성적이고 감정 표현을 잘 못하는 다소 무뚝뚝한 성격인

저이지만, 발레를 할 때만큼은 제가 할 수 있는 모든 것들을 다 발레에 쏟을 수 있거든요.

발레는 취미로 아무리 오래 연습한 사람도, 프로 발레리나의 시선으로 봤을 때는 조금 어색하고 엉성한 느낌이 들수밖에 없다고 해요. 그만큼 따라서 하고, 흉내 내기가 정말 어려운 춤이라는 거죠. 그래서 발레를 취미로 하는 사람들은 얼마나 많은 시간과 노력을 발레에 쏟았는지가 바로 자신이 추는 발레에 다 나타나요. 저는 그게 너무 재미있거든요. 내가 노력한 만큼 내 춤이 달라지는 것이 내 눈에 보이는 것. 확연히 다르게 느껴지는 것은 아니지만, 1년 전, 2년 전의 나와는 분명히 다르거든요.

예전에 발레를 하기 전에 저는 스트레스를 받는 일이 있으면 그냥 그걸 제 속에 묻어 두고 잘 꺼내지 못하는 편이었어요. 그러니 누가 봐도 좀 어두워 보였을 테고요. 하지만 발레를 하면서 저만이 가지고 있는 감정과 내면을 조금씩, 조금씩 나타내다 보니까 성격도 많이 밝아졌고 확실히 스트레스 같은 것들이 많이 줄어든다는 생각도 들어요. 그리고 그렇게 한층 밝고 가벼워진 나의 모습으로 일상생활로 복귀하면 좋은 에너지가 다시 저의 일상에서도 좋은 모습으로 나타나는 것 같아요. 엄마로서도 제가 좋은 에너지를 가지고 있어야 아이에게 좋은 영향이 갈 수 있다고 생각하고, 의사로서도 마찬가지라고 생각해요. 어떤 환자가 피곤함에 찌든 어두운 의사를 좋아하겠어요? 늘 환자에게 밝은 에너지를 나타낼 수 있는 의사, 그런 의사를 환자도 찾지 않을까요?

일과 삶의 균형을 말하는 단어인 '워라밸(Work and life balance)'
은 최근 가장 주목받고 있는 삶의 태도에 관한 신조어다. 특히
여성으로서 사회에서 활동하면서도 육아와 가정생활 모두를
꾸려나가야 하는 워킹맘들에게는 정말 어려우면서도 꼭 지켜나
가고 싶은 가장 중요한 단어라고도 생각이 든다.

여성은 출산을 겪으면서 육아에 당연히 자신의 삶 중 많은
부분을 할애할 수밖에 없다. 거기에다 일까지 해야 하는 상황
이라면 워라밸이란 마치 머나먼 세계의 이야기처럼 느껴질 수
밖에 없을 것이다.

하지만 김 원장과 이야기를 하는 내내 그녀는 누구보다도 워
라밸이라는 것을 잘 해 나가고 있다는 생각이 들었다. 통증으
로 얼룩진 청소년기를 보냈던 19살 소녀는 이제 의사라는 자신
의 꿈을 이뤄 누구보다 재미있게, 행복하게 자신의 삶을 꾸려
가는 서른아홉의 여성으로 살아가고 있다. 그런 그녀에게 발레
란 어떤 의미일까.

김 저에게 발레는 남편과도 같은 존재예요. 스무 살 예과 1학
   년 때 처음 만난 지금의 남편은 그저 막연한 짝사랑이었거
   든요. 그런 짝사랑이었던 남편이 어느 날 제게 먼저 다가
   와 주었어요. 무척 어둡고 우울했던 저는 남편과 오랜 시
   간 동안 마음을 나누면서 어느새 밝고 긍정적인 사람이 되
   어 있었죠. 저는 자존감이 낮은 편이었어요. 오랜 시간 통

증이 지나갔던 제 마음은 너무나 약해져 있었고 공부하는 것 말고는 세상에 딱히 재미있는 것도 없었어요. 그런데 남편과 행복한 사랑을 나누는 과정과 시간이 쌓이면서 어느새 저의 상처가 많이 치유 되어갔고, 낮아져 있던 저의 자존감도 많이 높아지게 되었어요.

발레는 그런 저에게는 또 다른 남편인 거 같아요. 발레를 하면서 힘들게 연습하는 그 시간이 쌓이면서 제 내면이 성숙해졌고요. 발레의 표현을 몸에 익히고 감정을 표현하게 되면서 어느새 제 내면을 솔직하게 드러내다 보니 제가 밝고 행복한 사람으로 변해 있었어요.

남편을 만난 것도, 발레를 하게 된 것도 모두 저에게는 큰 행운이죠. 남편과 그리고 발레와 함께 늙어가는 저의 모습이 기대돼요. 서로 머리가 하얗게 되고 주름살도 늘어가겠지만 그런 시간마저도 사랑스러울 것 같아요. 아마, 그때가 되어 할머니가 된다 해도 저는 발레를 할 거 같아요. 백발의 주름살이 많은 할머니가 예쁜 튀튀를 입고 발레를 하는 모습도 너무 아름답지 않나요? 여자로 나이가 든다는 것. 어느새 그 시간을 즐기고 있는 제 모습이 저도 이제는 좀 마음에 듭니다.

　김 원장은 오랜 시간 발레를 배우면서도 토슈즈를 신는다는
것은 정말 어려운 일이라고 했다. 부러 해보지 않고서도, 발끝
을 세워 딱딱한 토슈즈에 의지해 춤을 춘다는 것 사실 하나만
으로도 얼마나 고통스러울지 짐작할 수 있다. 동시에 여성이
아이를 낳는 것은 토슈즈의 고통을 감내하며 아름다운 춤을
추는 것과 참 비슷한 것 같다는 생각도 든다.

　토슈즈의 고통을 참아낸 뒤에는 완성된 아름다운 춤이 있으
며 김 원장처럼 갈비뼈가 부러지도록 참아낸 임신 기간 후에는
세상 그 무엇보다도 소중한 아기가 태어났다. 그렇게 커다란 고
통 하나를 참아내면 그래도 그 뒤에는 아름다운 결과 하나가
두 팔을 활짝 벌리고 우리를 기다리고 있는 것일까.

김 원장이 말하는 발레리나와 여자로서의 삶은 어쩌면 참 많은 부분 닮아있는 것도 같다. 여자로서 아름답게 나이 든다는 것. 그것은 비단 김 원장만이 꿈꾸는 일은 아닐 것이다. 김 원장의 반짝이는 노년, 아름다운 할머니 발레리나의 모습을 머릿속에 그려본다. 그리고 지금도 충분히 아름다운 그녀라고. 나는 여자 김고은을 물끄러미 바라보며 미소 지었다.

내 인생을 위한 플리에(Plié)

글 | 발레리나 신소연

발레라는 용어는 이탈리아어인 발라레(Ballare:춤을 추다)에서 파생됐습니다. 모든 춤이 생겨난 유래가 비슷하듯 발레 또한 종교의식에서 비롯되었죠. 16세기 르네상스 시대로 접어들면서 16~17세기 이탈리아 피렌체 출신의 프랑스 왕비 카트린 드메디시스가 이탈리아의 궁중 무용을 프랑스로 들여온 데서 유래되어 귀족들의 파티나 행사에서 추는 춤으로 변화가 되었습니다.

　발레라고 하면 떠오르는 것은 단연 토슈즈입니다. 발레는 중력을 부정하는 춤이라고 하여 관객이 무용수를 보았을 때 무대 위에서 가볍게, 공중에 떠 있는 느낌을 받을 수 있도록 토슈즈를 신고 춤을 추게 되었다고 합니다.

　발레를 추는 여자무용수는 발레리나. 남자무용수는 발레리노라고 합니다. 오늘날 해외뿐 아니라 우리나라에서도 발레리나, 발레리노들을 키우는 커리큘럼과 교수법을 통해 전문적인 기관과 학교에서 많은 인재들을 배출하여 많은 공연으로 대중들과 소통하고 있는 훌륭한 발레리나와 발레리노들이 많이 있습니다.

　2000년대 이후로 우리나라에도 유치원생부터 성인까지 발레를 하는 사람들이 굉장히 많아지게 되었습니다. 발레가 특정 사람만 하는 분야가 아닌 운동으로도 좋은 평가를 받고 있기 때문이죠. 발레는 학문으로서 전문적으로 전공을 한 자만이 가르칠 수 있으며 비전공자는 가르칠 수 없는 분야입니다. 굉장히 과학적으로 만들어진 움직임과 신체학을 통해 뼈의 구조를 이해하며 몸의 구조를 파악해 정확한 동작과 움직임을 체계적으로 배우기 때문에 짧은 시간 안에 발레를 습득한다는 것은 참 힘든 일입니다.

발레의 기본은 바른 자세에서 비롯됩니다. 발레에서는 바른 자세를 만들기 위해 사람에게 가장 중요하고 필요한 근력인 배, 등, 엉덩이의 코어를 키우며 유연성, 근력, 유산소 등 머리부터 발끝까지 모든 부분의 근력과 스트레칭을 복합적으로 훈련합니다. 그리고 오른쪽, 왼쪽으로 나누어 정확한 좌우운동을 하기 때문에, 척추와 골반, 근육 등을 균형 있게 만들 수 있습니다. 그래서 몸에 불균형이 있을 때 다른 부분까지 만성으로 질병을 유발할 수 있기 때문에 밸런스를 맞추는 운동은 발레를 하기 위한 기본적이면서도 아주 중요한 운동이라 할 수 있습니다. 또한 발레는 아름다운 클래식 음악에 춤과 운동을 함께할 수 있는 점이 다른 운동과 차별화를 두는 점입니다. 발레 음악은 피아노선율이 많은데 클래식 음악에 춤을 추며 운동을 할 수 있는 것 자체가 우아하고 아름다운 일이지요.

성인 회원들은 발레를 하면 체중의 변화, 예쁜 바디라인을 만들고 건강과 함께 우아한 취미생활을 할 수 있다고 말합니다. 회원들이 운동 후 지인들에게 '다리가 예뻐졌다. 자세가 바르게 변했다. 목선이 예쁘다'란 말도 많이 듣는다고 합니다. 또한 정서적인 측면으로도 발레음악이 너무 좋아 음원을 구입해서 듣고 싶다고 하는 회원도 있습니다. 더 나아가 보통 성인회원들은 토슈즈를 신지 않지만 발레를 운동에서 벗어나 진정으로 좋아하게 된 회원들은 발레리나처럼 전공자수업인 토슈즈 수업을 받기도 합니다. 발레를 그저 운동에서만 그치는 것이 아니라 본인의 취미를 전문적으로 키워나가기도 하는 것입니다.

사실 발레를 하기 위해 학원을 찾은 성인분들을 상담할 때 이전에 해 왔던 운동들에 비해 부담이 더 생긴다고 말씀을 많이 합니다. '운동 자체가 테크닉적으로 어렵진 않을까, 나는 유연성이 없는데 괜찮을까, 몸매가 통통한데 괜찮을까' 하고 망설이게 된다는 것입니다. 하지만 성인반의 수업은 성인들에게 맞게 프로그램을 재구성하여 많이 알고 있는 근력운동들과 스트레칭과 기본적인 발레 테크닉을 배우면서 자연스럽게 해결되기 때문에 크게 걱정할 부분은 아니라고 생각합니다. 발레는 기본 발과 팔의 포지션, 순서, 움직임의 동작이 패턴의 반복이기 때문에 패턴을 먼저 익힌다면 보다, 쉽게 할 수 있습니다.

발레 기본동작을 정확히 하는 것 자체가 몸을 바르게 만들어주고 예뻐지게 만들어주기 때문에 꾸준하고 정확히 만들려고 노력하는 것이 좋은 결과를 주며 또한 레벨이 있기 때문에 기초부터 체계적으로 한 단계 한 단계 배운다면 발레리나들이 하는 테크닉 동작도 할 수 있으며 새로운 성취감도 느낄 수 있답니다.

보통 발레 수업 시 무용복을 갖춰 입기를 권장하지만 처음 입문 시 복장의 부담스러움을 줄이고자 타이트한 요가복을 착용하는 것도 선택할 수 있습니다. 수영복과 비슷한 레오타드라 불리는 발레복은 몸에 타이트하게 붙기 때문에 틀어진 자세를 바로 발견할 수 있고 발레타이즈는 다리 인대와 근육을 보호 하고 발레슈즈 또한 다리를 많이 사용하기 때문에 발의 보호 를 위해 모두 착용하는 것이 바람직하지요.

　발레 교육자로서 유의할 점 몇 가지를 말하자면, 어떤 부분 을 운동하고 있는지, 힘을 어디에 주고 해야 하는지 인지하며 호흡과 함께 흐트러짐 없는 자세로 유지하면서 운동하는 것이 중요합니다. 발레뿐 아니라 어떤 운동을 하건 꾸준함이란 가르 치는 선생님과 본인에게 가장 만족할 만한 결과를 가져다줄 것 입니다.

■ 신소연

- 덕원예술고등학교 무용과(발레) 졸업
- 세종대학교 무용과(발레) 졸업
- christian mission international college
- Austria 국제 Vienna ballet class연수
- Vaganova teaching method
- IELT과정, 유아영어교육이수
- Juli's English ballet 자격증
- 평촌청소년발레단 부단장 겸 전임강사
- 이승신무용연구소 발레전임강사
- 청소년국가대표 스포츠댄스선수 발레지도
- 뮤지컬극단원 발레지도
- 발레띠 입시강사
- 선화/서울예중ㆍ고 개인지도/ 입시합격
- 전 이화현대발레부원장
- 발레협회 정회원
- 인천무용협회 정회원

공연

- 〈파키타〉 공연 KBS홀
- 〈백조의 호수〉 국립중앙극장 대극장
- 〈라 바야데르〉 KBS홀
- 〈레 실피드〉 서울교육문화회관 대공연장
- 〈나비〉 장선희발레단
- 〈환상〉 장선희발레단
- 〈그림자〉 세종대 공연장 외 다수

우리는 젊을 때 배우고
나이가 들어서 이해한다.

-마리 폰 에브너에셴바흐 -

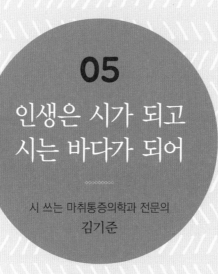

05

인생은 시가 되고
시는 바다가 되어

시 쓰는 마취통증의학과 전문의
김기준

.

＊

　우리가 인생을 살아낸다는 것이 쉽게 끊기지 않을 아주 길고 긴 하나의 문장이라고 생각해본다면, 그 문장은 결국 한 사람이 자신의 가슴 속에 쓰고 있는 한 편의 '시'가 될 수도 있을 것만도 같다.

　우리는 아득한 어둠 속에서 하나의 빛을 쫓아 여리디 여리게 태어나, 참 많은 것들을 아프게 느끼고 배우며 자랐다. 그리고 찰나의 순간일 듯한, 청춘이라는 그 시간 동안 끊임없이 방황하며 '나'라는 인간을 형성하고 참 매섭고도 혹독한 시련들을 견디며 어른으로도 살아내야 했다.

　마침내 그 모든 과정을 통해 슬픔과 고독, 외로움을 온전히 나 혼자의 몸으로 이겨내고 중년을 넘어 많은 것을 이해하고 또 많은 것을 버리면서 비로소 천천히, 그러나 덧없이 빠르게 노년으로 늙어간다.

　젊어서는 누군가를 절절히 사랑하던 가슴 아팠던 추억도 하나쯤 가지고 있을 것이고, 눈부시게 아름다웠던 그 시절, 내 가슴이 써 놓았던, 혹은 내 가슴이 기억하는 시 한 편도 있지 않았던가.

나도 그랬고 당신도 그랬다. 하지만 굳이 시련이라는 것으로 가슴을 채우지 않았어도 우리가 살아가는 삶이라는 것, 알 수 없는 중간 어디쯤에는 인간 본연으로서의 슬픔도 있고 기쁨도 있을 것이다.

가만히 앉아 왼손을 뒤집어 내려다본다. 손바닥에는 조물주가 인간에게 그려놓은 그림 하나가, '시'라고 그려져 있다. 우리가 굳이 가슴 속으로 시를 쓰지 않아도 인간은 모두 손바닥에 시 하나씩은 다 쓰고 있다. 그렇게 우리는 모두 시인으로 살고 있고, 살아내며 오늘도 '한 편의 시'를 쓰고 있는 것이리라.

또다시 시작되는 반복적인 하루의 첫머리, 나도 모르게 발등으로 떨어지는 눈물인지 땀인지 모를 그 한 방울을 물끄러미 바라보며, 그렇게 오늘 하루의 시는 어제라는 시의 다음 구절이 되어 간다.

마취통증의학과 교수 김기준을 만나러 가는 날, 신촌의 봄날은 참 맑고도 따스했다. 연세대학교 신촌 세브란스 병원의 5층 수술실 앞에서 막 수술을 끝내고 나온 김 교수는 나를 반갑게 맞이했다. 언론의 인터뷰에서 봤던 나비넥타이의 멋스러운 시인을 상상했건만, 초록색 수술복을 입고 마스크를 벗으며 나를 반기던 그는 그저 긴급한 수술을 마치고 나온 한 명의 마취통증의학과 의사였다.

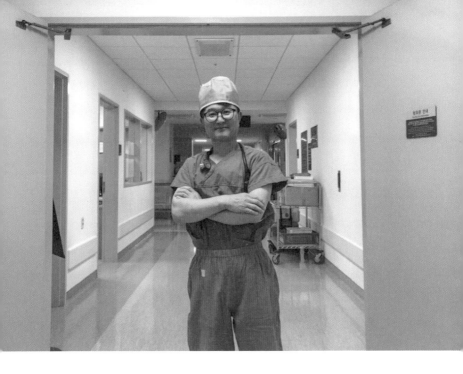

김 여기 신촌 세브란스 병원 본관에만 수술실이 40개가 있어
요. 응급환자 수술까지 본관에서 하다 보니까 하루 종일
수술실이 정말 바쁘고 긴급하게 돌아갑니다. 옷이라도 좀
갈아입고 있어야 했는데 그럴 틈이 없었네요. 오늘은 인터
뷰가 있는 날이어서 나비넥타이를 매고 올까 했는데 아내
가 잡지나 신문이 아닌 책이니까 좀 부드러워 보이면 좋겠
다고 터틀넥 니트를 골라주었는데 말이에요.

  아내의 이야기가 나오자 환하게 웃는 김 교수의 얼굴에서 따
뜻함, 그리고 안정감이 느껴졌다.
  김 교수는 2016년 등단한 시인이자 연세대학교 마취통증의
학과 교수이며 전문 잠수 강사라는 여러 가지의 직함을 가지고
있다. 이렇게 왕성한 활동을 하며 틈틈이 시를 쓰는 그의 뜨거
운 열정은 어디에서 비롯된 것일까.

김 제가 어머니를 닮았다는 말을 아내에게 많이 들어요. 어머
니가 저처럼 열정이 많으셨거든요. 마음도 참 따뜻하셔서
동네에 다니는 불쌍한 사람이 있으면 그냥 지나치시지 못
하고 꼭 도움을 주셨죠.
    저를 의사로 만들기도 하셨지만, 시인이 될 수 있도록 만
들어주신 공이 가장 크다고 생각합니다. 시인이 되려면 가
슴에는 사랑이 많고 생각이 자유로워야 하는데 언제나 제

게 사랑을 많이 주셨고 생각이 자유로울 수 있도록 이래라, 저래라 강요의 말씀을 하신 적이 없어요. 마늘밭을 매는 어머니의 등에 업혀 있던 기억이 납니다. 너무나 따뜻했던 그 느낌이 아직도 생생해요. 제게 남아있는 어머니의 온기가 아직도 저를 살게 하는 것 같아요.

기도

환자 마취하기 전
손을 잡고
기도를 한다

그러던 어느 날
환자 목소리 들어주면 어떨까
참 궁금한 것도 많고
두려운 것도 많을텐데

혹
진정한 기도는
귀 기울이는 것이 아닐까
헤아림이 아닐까

늘 바쁜 하느님 대신에
그 목소리에 귀를 쫑긋해야 하는 것이 아닐까

앞으로
기도할 때는
말을 줄이고 귀를 활짝 열어야겠다

김 교수는 환자에게 기도를 해주는 의사로 유명하다. 수술에 들어가기 전 환자들이 느끼는 공포와 절망감을 늘 지켜보면서 어떻게 하면 그들에게 위로가 될 수 있을까를 생각하다가 어느 순간부터 환자들의 손을 잡고 기도를 하기 시작했다고.

김 산부인과 마취를 하다 보니까 어느 때부터 자연스럽게 됐어요. 아기를 낳으러 수술실에 들어온 산모들이 너무 두려워하는 거예요. 그렇게 기도를 하기 시작했는데 기도를 듣는 산모들의 마음이 진정이 되는 것이 보였고, 제게 말을 걸어오는 산모들도 생기게 되었죠. 그때부터는 기도는 되도록 짧게 하고 그녀들의 말을 좀 더 들어주게도 되더라고요.
    그런데 어느 날 제가 기도를 해주었던 산모 한 분이 저를 찾아왔어요. 아기에게 먹이고 남은 초유로 비누를 만들어 왔다고 하더라고요. 수술 날 잡아드렸던 제 손에 있는 피부염이 마음에 걸렸다면서, 모유 비누를 쓰면 좋아질 거라고 했어요. 아… 정말 너무 너무 고마웠어요. 그분이 비누를 주고 나가자마자 저는 이 교수실에 주저앉아 엉엉 울었어요. 왜 그렇게 눈물이 나왔는지는 나도 잘 모르겠는데 산모가 내게 준 비누를 통한 마음이 그동안 마취통증의학과 의사로 살아온 내 삶을 위로해 준 것만 같았어요. 나를 생각해 주는 마음도 너무 아름다웠고요. 보통 많은 환자들이 본인을 수술하는 주치의만 고맙게 생각해요. 자신의 수술을 담당해 주는 의사는 주치의만 있다고 알고 있죠. 하지만 환자의 가장 첫 번째 의사는 마취통증의학과 의사라는 것은 잘들 모르시죠.

저에게 모유 비누를 만들어 주신 환자분의 마음을 받은 것을 계기로 저는 본격적으로 시를 쓰기 시작했어요. 내가 받은 이 마음, 이 사랑을 시로 표현해야겠다는 생각과 함께요.

비누 두 장

여리디여린 당신의 허리춤에 긴 마취 침 놓고
두려움에 떨고 있는 당신의 눈을 보며
내가 할 수 있는 건 그저 손잡아 주며
괜찮아요
괜찮아요
내가 옆에 있잖아요
그 순한 눈매에 맺혀 오는 투명한 이슬방울

산고의 순간은 이토록 무섭고 외로운데
난 그저 초록빛 수술복에 갇힌 마취의사일 뿐일까?
사각사각 살을 찢는 무정한 가위소리
꼭 잡은 우리 손에 힘 더 들어가고
괜찮아요
괜찮아요
내가 옆에 있잖아요
편히 감는 눈동자 속에 언뜻 스쳐간 엄마의 모습

몇 달 후 찾아와서 부끄러운 듯 내어놓은
황토빛 비누 두 장

고맙습니다
고맙습니다

우리 아기 먹다 남은 초유로 만든 비누에요
그때
손잡아 주시던 때
알러지로 고생한다 하셨잖아요

혼자 남은 연구실에서 한동안 말을 잊었네
기어코 통곡되어 눈물, 콧물 다 쏟았네
고맙습니다
고맙습니다
내가 더 고맙습니다

김 교수는 1963년 경남 김해에서 태어났다. 시골에서 유년기를 보냈고 막연히 바다를 좋아했다. 바다를 보며 늘 자유를 꿈꾸기도 했다고. 그렇게 선장이 되고 싶었고 장학금을 받고 부산대에 입학했다. 하지만 선장이 되고 싶다는 희망도 잠시, 더 넓은 세상을 꿈꾸려면 일단 서울에 가봐야겠다는 생각이 들어 연세대학교 의과대학에 다시 지원했고 그 또한 장학금을 받고 입학을 했다.

김 여기 연세대학교에는 윤동주 시인의 시비가 있어요. 그래서 더 연대에 오고 싶었지요. 의대 면접을 보는데 다른 지원자들은 연대에 오면 의사로서 어떻게 하겠다는 자신들의 이런저런 포부를 밝히는데 저는 딱, 한마디밖에 할 말이 없었어요.

"윤동주 시비가 있어서 그게 좋아 왔는데요."

지금도 매년 윤동주 선생에게 와인을 한 병 사서 시인들과 함께 가요. 가서 그분을 위한 시를 낭독하고요.

1994년에 마취통증의학과 레지던트를 시작했는데 그때만 해도 마취통증의학과는 인기가 없는 과였죠. 제가 성적이 좋으니까 당시 인기 있던 성형외과를 추천받기도 했는데 저는 지금도 그렇지만 돈 욕심이 별로 없어요. 그래서 그때 마취통증의학과에 남아 학생들을 가르치는 교수가 되는 길을 선택했죠. 지금은 마취통증의학과의 위상이 제가 시작하던 때와는 정말 많이 달라졌죠. 의대에서도 공부를 잘해야 마취통증의학과 의사가 될 수 있답니다.

저는 마취통증의학과 의사로 사는 것도 좋지만, 후배들과 제자들을 가르치는 교육자로의 삶도 제게는 참 중요해요. 가르친다는 것이 무엇일까요? 그저 지식만 머릿속에 넣어주는 게 아니에요. 그들의 마음을 두드려서 감동을 시키고 가르쳐야 해요. 이해를 못하는 것은 이해시키고 공부를 시키면 되지만 의사로서의 인격을 가르치는 것이 정말 중요하거든요. 생명을 다루는 직업이잖아요. 제가 마취통증의학에 대한 저의 삶, 병원에서의 일들을 시에 남기는 것은 의사로서 사람들에게 감동을 주겠다는 거예요.

'메멘토 모리−Memento mori'는 라틴어로 '죽음을 기억하라'라는 뜻인데, 이 말의 의미인즉슨, 개선장군에게 전쟁에서 승리했다고 너무 우쭐대지 마라, 너도 언젠가는 죽는다. 그러니 겸손하게 행동하라는 뜻이에요. 사명감이 없는 의사는 불행해요. 사명감이 없으면 환자가 죽기 때문이죠. 우리 병원에 근무하시는 많은 훌륭한 의사 선생님들, 간이식, 폐이식 하는 의사들을 보면 집에도 못 가고 매일 수술만 수도 없이 합니다. 의사니까 환자를 위해 그렇게 하는 거예요.

지식이 없는 의사는 공부를 하면 되지만 사명감이 없는 의사는 어떻게 할까요? 우리 정신은 머리에 박힌 게 아니라 골수에 박혀 있는 거예요. 깊숙한 그곳에서부터 느끼고 살아가라고요. 그게 이곳 세브란스 병원 의사들이 살고, 가고 있는 길이라고 생각해요.

후배들에게

이제 갓 시작한
새내기 마취의사들을 위하여
두 달여 준비한 실기 세미나

토요일의 휴식도 반납한
젊은 교수들의 열정
교실을 뜨겁게 달군다

저들이 내 후배라 생각하니
마음 뿌듯하고 자랑스럽다

언젠가는 이 새내기들이
교실을 이끌 기둥이 되리라
마음이 금세 뜨거워진다

사랑하는 나의 후배들아

힘들고 기나긴 길임을
잘 알고 있다

그래도 싹을 틔워야 한다
가슴을 탁 열어야 한다

언젠가는 봄바람 속에 꽃이 필 것이며
가을날 탐스런 열매를 맺을 것이다

잊으면 안 돼
우리는 생명을 살아 있게 하는 마취의사이다

그것은
아담을 잠재우신
하늘로부터 받은 숭고한 사명이다

김 교수를 설명할 때 빠질 수 없는 것이 바로 스쿠버 다이빙
이다. 연세대학교 신촌 세브란스 병원의 마취통증의학과 교실
앞 복도에는 김 교수의 친구인 수중 사진작가가 찍은 사진이
걸려있다. 본인을 소개할 때 꼭 '바다의 아들'이라 말해달라는
그의 말이 괜한 말이 아니었음을 알게 해주는 사진들이다.

김 20년 전에 어느 실험을 우연히 보게 되었는데 쥐에게 질소
   마취를 하는 실험이었거든요. 압력이 높으면 마취가 된다
   는 이론이었는데 그것을 보고 흥미를 느껴서 잠수를 배우
   기 시작했어요. 2008년에 잠수 강사 자격증을 취득했고 지

금도 잠수 및 고압의학 과목을 가르치고 있지요. 제가 시를 쓰는 내용도 첫째는 병원의 수술과 마취, 중환자실에 대한 것들 그리고 둘째는 수중환경과 바다, 바다 생물들에 대한 것들이에요. 시와 수중세계, 시와 마취, 마취와 잠수의학은 나에게 취미를 넘어서 나만이 가질 수 있는 하나의 특기이자 무기가 되었어요.

지금은 시를 쓰다 보니 수필에도 흥미를 느끼게 되고 또 주변의 권유로 우리가 알지 못하는 수중세계를 알리는 수필도 쓰고 있습니다. 앞으로 수중 시만 한 200수 정도 모아 수중 사진과 함께하는 시화집을 낼 계획도 가지고 있지요. 수중세계는 우리가 알지 못하는 새로운 세계예요. 갈라파고스에 가서 스쿠버 다이빙을 한 적이 있습니다. 망치상어가 내 앞을 지나가고 혹등고래가 새끼를 데리고 가는 그런 모습을 보게 되었더니, 세상에 대한 나의 관점이 달라지는 것을 느꼈어요. 내가 알지 못하는 이런 세계도 존재하는구나, 나는 이 우주 안에서 어떤 존재인가. 우리는 결국 그저 한 톨도 되지 않는 먼지 같은 존재가 아닐까 하는 그런 생각이 들었죠.

고래상어

내 나이 마흔에
아름다운 땅 필리핀 세부 섬
거북이 알을 뜻하는
모알보알 그곳으로
고래상어를 만나러 갔다
불혹不惑의 나이가 뭔지를 몰라 허둥지둥 하던 차
사진으로만 만나던 그 신비로운 현자를 찾아갔다

동 터오는 아침
카사이 절벽 바다 밑 수심 10미터
나 홀로 기다린 지 한 시간 남짓

그 크고 순한 눈동자
순박한 모습 우아한 자태
잠깐 스쳐갔지만 영원한 각인

필리핀 세부 섬
거북이 알 같은
모알보알 그곳의
열 살 남짓 아리따운 소녀, 실비아
개들이 뛰어 노는

산호로 만들어진 파낙사마 해변으로
그 가는 손으로 만들었을 목걸이와 팔찌를 팔러
나에게로 왔다

그 순한 눈동자 순박한 모습
여리고 가여운 자태
잠깐 스쳐갔지만 영원한 각인

애처로운 저녁
바다제비 날고 있는 석양의 물결 위엔
소금쟁이 마냥 방카들만 떠 있는데
이 무슨 간절함들인가

나는 이제 지천명知天命

실비아는 아마 꽃다운 묘령妙齡

뉘엿뉘엿 해가 지듯

스멀스멀 나이가 든

지금의 우리는 무엇을 찾았을까

또 무엇을 잃어버렸을까

고래상어는 아직도 카사이 절벽을 지나다니고 있을 터

모알보알은 거북이 알을 품듯 실비아를 품고 있을 터

그런데 이순耳順으로 향하고 있는

나는 아직도

불혹不惑을 혹惑하며 회유하고 있는데

무거운 공기통을 짊어진 채

엄마의 자궁 같은 먼 바다 속을 헤매고 있는데

바다는 아무런 말이 없이

다만 그 깊고 푸른 침묵만 보여주고 있다

 시와 수중생물, 그리고 스쿠버 다이빙에 관한 이야기가 한창 무르익을 무렵, 그의 어깨너머 창가에 일렬로 자리한 가족사진에 눈이 갔다. 듬직한 아들과 예쁜 딸, 그리고 사랑하는 아내와 함께 찍은 가족사진에 특히.

내 아내는

내 아내는
잠자는
숲속의 공주

뇌성마비
강의준비
며칠 밤을
새우더니

저렇게
공부가 좋을까

가르치는 것이
이렇게
무거운 것일까

부스스한 머리칼
말라버린 입술

살며시
다가가

베개를
고쳐주고

말 못할
깊은 정으로
입을 맞춘다

내 아내는
꿈이 많은
작업치료사

김 본과 1학년 때 뇌성마비 재활원에 봉사하러 다녔지요. 그
곳에서 그 친구들을 목욕시키고 밥도 먹이고 그런 봉사를
했는데 3살 위 누나가 그곳에서 작업치료 선생님으로 근
무 중이었어요. 제가 가장 사랑하는 아내가 바로 그 누나
입니다. 아내와 그렇게 연애를 시작했고 너무 좋아서 얼마
후 바로 결혼했어요. 지금도 아내는 내 취미와 꿈을 응원
해 주는 가장 든든한 동반자입니다. 바다 밑 새로운 세상
을 탐험하는 일도 아내와 아이들을 데리고 항상 함께했고
요, 지금도 제가 새로운 시를 쓰면 가장 먼저 우리 가족 단
체 톡방에 올립니다. 그럼 우리 가족들이 거기에 피드백도
해주고요. 제 아내와 아이들은 늘 저를 지지해 주고 응원
해 주는 가장 멋진 사람들이에요.

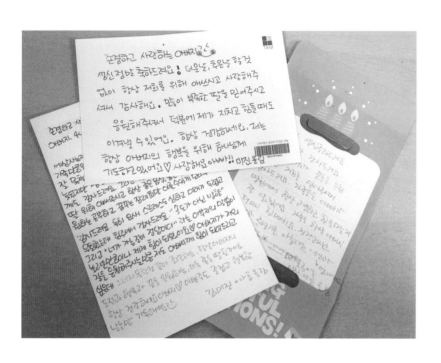

딸

새벽 네 시
강의하러
먼 길 떠나는 날

운전석에
놓여있는
목캔디 한 봉지
그리고 예쁜 손 편지

아빠!
졸리실 때 드시고
천천히 조심히
잘 다녀오세요

아! 따스한 이 살가움

　김 교수가 2018년 발표한 두 번째 시집의 제목은 『사람과 사물에 대한 예의』다. 그는 세상 앞에 자신을 '여미는 마음'으로 제목을 지었다. 그가 쓰는 시의 첫 번째 독자는 사랑하는 아들과 딸, 그리고 아내임을 잊지 않기 위해, 그리고 그가 돌보는

환자들과 사랑하는 동료들, 후배들, 제자들, 모든 사람들이 그가 쓰는 시 속에 그가 사랑하는 생명과 함께 노래하는 마음으로 시를 쓴다고 한다.

그러고 보니, 그가 여태까지 걸어온 길은 그의 꿈과도 아주 많이 닮아있다는 것을 느낄 수 있었다. 처음에는 바다로 나가고 싶어 선장이 되려 했고, 더 큰 세상을 꿈꾸기 위해 서울로 상경해 의사가 되었고, 의사가 되어 사람들을 돌보다 보니 저절로 시인이 되었던. 결국, 그는 꿈꾸던 대로 넓은 세상 속에서 사람의 마음이라는 무한의 공간으로 향하는 길을 '시'라는 매개체를 통해 가고 있는 것이 아닐까.

김 나이가 들수록, 시인의 역할이 무엇인가, 부모의 역할은 무엇인가, 선생의 역할은 무엇인가. 이 세 가지에 관한 생각을 많이 하게 됩니다. 결국, 그 세 가지 역할은 두드림에요. 다른 이의 마음을 두드리는 것. '똑똑' 하고 '시'로서 두드리게 되는 것이에요. 그들의 마음을 두드려 문을 열고 들어가 상처를 감싸고 보호해 주면, 감정의 동화가 나에게로 느껴질 때, 오히려 내가 그들에게 '고맙다!'고 느끼는 것. 그게 바로 두드림이라고 생각해요.

　이 세브란스 병원에 있는 제 방이요. 이 방에서 울고 웃
으며 가는 사람들이 정말 많아요. 누군가 제 방의 문을 열
고 들어와 그들의 고민을 얘기하고 저는 그냥 가만히 그
이야기를 들어주고. 그러다 함께 눈물을 흘리고, 어떤 이
는 저 소파에 누워 울다가 잠도 자고 가고. 그들은 나에게
자신의 아픔을 이야기했을 뿐인데 나는 그 이야기에서 진
심을 느끼고 또 그것이 나에게로 전해지게 되었음이 고맙
다고 생각하게 돼요. 나의 역할이 무엇인가. 결국은 마음

을 느끼는 것. 모든 이들과 사물에 대한 나의 예의는 함께 마음을 나누고 느끼는 것이구나 생각하지요.

사람들은 보통 행복과 불행은 반비례한다고 알고 있는 것 같아요. 행복이 크면 불행은 작아질까요? 불행이 크면 행복은 아주 작은 것일까요? 저는 그렇게 생각하지 않아요. 행복과 불행은 비례해요. 행복이 크면 그만큼 불행이 다가와도 더 크게 느껴지고, 반면 불행이 크면 우연한 계기로 찾아온 작은 행복도 너무나 크게 느껴지는 거 같아요. 그래서 지금 내가 가진 행복에 더욱 감사하게 생각하죠.

나는 시인 그리고 의사라는 것이, 결국은 사람들에 대한 '위로를 하는 직업'이구나 싶어요. 나는 세상을 위로하고 싶어요. 내가 좋아하는 노래 중에 캔자스(Kansas)의 'Dust in the wind'라는 노래가 있는데, 그 노래의 가사를 잘 들어 보면 이런 말들이 있습니다. 우리는 바람 속의 먼지, 언젠간 사라지고 영원한 것은 없다고요. 참 허무한 말들인데, 그래서 우리는 서로 더 위로하는 존재가 되어야 해요. 결국엔 바람 속의 먼지일 뿐인데, 서로 싸울 필요도, 미워할 필요도 없는 거예요. 결국, 세상에 존재하는 모든 것은 다 사라지기 마련인데 그럴 필요가 있을까요?

제가 환자의 손을 잡아주는 것도, 사람들을 위로하는 시를 쓰는 것도 결국은 '사랑'이에요. 그 모든 허무함을 견디는 것은, 단 하나. 사랑뿐인 거죠.

시인의 사명

하느님과 저 우주를 경외하고
자연과 그 질서를 존중하고
사람과 그 관계 맺음을 사랑하고
이 모든 것을 뜨겁게 노래하는 것

김 나이가 들면 들수록, 모든 사물을 더 이해 깊게 보게 돼
요. 이제는 어려운 시보다는 더 쉽게 쓰고 싶다는 마음이
드네요. 요즘 젊은 시인들이 신춘문예를 통해 발표하는 시
들을 보면 같은 시인으로서는 좀 안타까워요. 너무 어렵고
난해한 문장이 많아요. 많은 사람들이 시를 통해 감동을
받도록 하고 싶은데 그렇게 어려워서 감동을 받을 수 있을
까 하는 생각이 들 때가 많죠. 그래서 나는 더 쉬운 시를
쓰면서 이 세상의 모든 이들에게 감동을 주고 싶어요.

　시인으로서, 의사로서의 내 목표에 대해서 많은 고민을
합니다. 고민 끝에 한 네 가지 정도의 목표가 생기게 되었
는데요. 어쩌면 어디서 읽었던 것들이 내 생각으로 자리
잡은 것일 수도 있어요.

첫째는 지식이 아닌 지성으로 살자. 지식은 어떠한 대상을 배우고 명확히 아는 것, 즉 '이해'한다는 것이고 지성은 지식으로 받아들이고 이해한 것을 나의 주관적이고 객관적인 해결을 통해 내 머릿속에서 어떠한 '철학'으로 자리 잡은 것이에요. 시인이 시에 대한 지식이 있고, 의사가 의학에 대한 지식이 있으면 뭐합니까? 그것을 나만의 철학으로 만들어야죠. 그래야 시인이 시인답고 의사가 의사다운 것이에요.

둘째는 열정을 가지고 사는 것이에요. 열정이 있는 사람은 인생을 아름답게 살 수 있습니다. 시에 대한 열정, 바다에 대한 열정 그 모든 것이 오늘날의 저를 만들었어요. 아름다운 시를 읽고 쓸 수 있고, 바다에 들어가 아름다운 수중세계를 볼 수 있고 나의 열정이 그렇게 아름다운 것들을 볼 수 있게 해주었으니 열정이라는 것이 얼마나 좋은 것이에요?

셋째는 누군가를 감동시킬 수 있어야 한다는 것입니다. 감동이 별다른 것이 아니에요. 한 산모가 나에게 준 비누 두 장이 내 인생을 송두리째 바꿔 놓은 것처럼, 우리가 주고받는 작은 마음들이 서로에게 감동이 될 수 있어요. 그 감동이 우리 인생의 방향을 의도치 않게 바꿀 수도 있는 것이죠. 그 의도치 않은 감동이 긍정적이고, 바람직한 방향을 제시해 주기 때문에 우리가 서로에게 감동을 주고받는 것이 참 중요하다고 생각합니다.

넷째는 공감의 능력을 잃지 않는 것입니다. 남의 얘기를 듣고 눈물을 흘릴 수 있어야 합니다. 내 심장이 살아서 뛰고 있다는 증거. 그것이 바로 공감이에요. 이것은 저에게 교육자로서의 삶을 지탱해 주는 아주 중요한 목표이기도 해요.

『아들러의 인간 이해』라는 책이 있어요. 제가 아주 좋아하는 책인데요. 이 책에서는 공동체 의식을 말하고 있습니다. 아들러는 개인적인 성향과 더불어 개인을 둘러싼 환경을 중요하게 생각하는 사람이거든요. 환경이 그 사람의 가치관, 생각을 만든다고 보는 거죠.

저는 교육자로서 저의 제자들에게 그런 환경을 만들어 주는 사람이에요. 정말 중요한 거예요. 그래서 내 제자들에게 공감의 능력을 꼭 가르쳐야 한다고 봅니다. 의사들로서 환자에게 공감을 한다는 것이 얼마나 중요한가요?

환자의 증상, 통증, 그리고 아픔까지 공감해야 그 병을 고칠 수 있는 거예요. 그리고 그 공감이 바로 의학 발전의 밑거름이 되는 겁니다.

의사로서 의학을 발전시키려면 그들이 속한 세상을 계속해서 도전해야 해요. 연구해라! 이거에요. 제가 바다를 계속해서 탐험하고 잠수 의학을 연구하는 것도 이것과 관련이 있어요. 항암제, 항생제, 모두 바다에서 나온 거예요.

바다는 신물질의 보고입니다. 우리는 바다를 계속 연구해야 해요. 해삼의 수명이 얼마인지 혹시 아나요? 아무도 몰라요. 해삼은 천적이 나타나면 자신의 위장을 토해내요. 근데 그 위장은 또 재생이 됩니다. 그래서 그렇게 계속 재생이 된 해삼의 수명을 알 수 없다는 거예요. 멍게, 불가사리도 해삼과 같이 재생능력을 가진 바다 생물이에요. 이것들의 비밀을 밝혀낸다면 우리의 팔다리도 재생할 수 있어요. 근데 언제 그렇게 될까? 생각만 하지 말고 우리가, 의사들이 연구하라는 거에요. 그래서 제가 저의 제자들에게 공감하고 연구하라고 끊임없이 가르치는 겁니다.

저는 마취통증의학과 전문의예요. 원시시대에도 마취라는 것이 존재했는데 어떻게 마취를 했는지 아세요? 돌로 머리를 때려서 마취했어요. 중세 시대에는 마취를 어떻게 했을까요? 목을 비틀어 질식시켜 마취를 했습니다. 우리 시대의 사람들이 그 모습을 본다면 경악을 금치 못할 일이지만 그 시대에는 그렇게 했다는 것이죠.

하지만 지금, 현재 이 시대에 우리가 하는 마취를 미래의 의사들이 보면 뭐라고 할까요? 마취제를 바늘을 통해 몸에 꽂아서 했다고? 세상에. 그렇게 무식한 방법으로 마취를 했다니! 하지 않겠어요?

지금 내가 하는 이 의술이 영원할 거라고 생각하면 절대 안 돼요. 저는 아직도 환자를 마취하는 것이 두려워요. 이 환자를 잃지 않게 해달라고 그래서 기도하는 거예요.

외과 의사가 배의 선장이라면 마취과 의사는 배의 기관장이에요. 커다란 파도가 밀려와도 배가 표류하지 않도록 아무도 보이지 않는 곳에서 엔진을 지키는 사람. 마취과 의사는 그런 사람입니다. 선장이 목표를 정하고 그 목표를 향해 뱃머리를 돌릴 수 있도록 기관장은 묵묵히 배 아래 위치한 기관실에서 홀로 숨을 죽이며 엔진을 지키는 거예요. 저는 마취통증의학과 의사로 그런 세월을 살아왔습니다.

요즘 저는 학생들을 가르칠 때 기본에 더 충실해야 한다는 마음을 강하게 갖고 가르칩니다. 그래서 교과서를 더 열심히 읽고 있어요. 대학은 공부와 연구가 기본인 곳이에요. 더군다나 의사를 가르치는 곳일수록 가장 중요한 그것, 기본에 더욱더 충실해야 합니다.

선장이 되어 뱃머리에 서서 망망대해로 떠나고 싶었던 열아홉 청년은, 이제 육십을 바라보는 나이가 되어 병원이라는 배의 기관장으로 묵묵히 자신의 일을 하고 있었다. 그리고 이제 그는 시인이 되어 세상을 위로하고 바다를 노래하고 있다. 그는 어쩌면 바다에 빚이 많은 사람인가보다 하고 나는 잠시 생각했다. 바다는 그에게 꿈을 주었고 사랑을 주었다. 그렇게 바다에 빚이 많은 그가 이제 그 빚을 갚으려 시인이 되었다고 말이다.

김 우리 의사들이 어디에 있는지, 어느 위치에 있는지 항상 생각하며 살아야 합니다. 그래서 취미가 중요한 것이에요. 취미는 나의 본질을 알 수 있게 해주죠. 제가 시를 쓰는 것, 잠수하는 것 모두 내가 어디에 있는지, 무엇을 하고 있는지 항상 일깨워 주는 것들입니다. 그래서 이러한 취미를 나의 특기로 발전시킨다면 더할 나위 없어요.

취미를 가진다는 것이 무엇이냐. 1차적으로는 취미를 통해 내가 가진 스트레스를 없앨 수 있어요. 그리고 2차적으로는 나의 취미와 내 직업을 융합해 나만의 특기로 만들면 더욱 좋아요. 우리가 예측할 수 없는 미래는 불안하지만 오늘을 통해 내일이 새로운 인생을 산다면 그 자체로 의미가 있지 않을까요. 물론 우리의 인생 안에 사랑이라는 것을 가득 넣은 채로 말입니다.

나의 일과

아침 여섯 시 정각
병원에 도착하면
제일 먼저 하는 일이
여기저기 한 바퀴 돌며
쓰레기를 줍는 것이다

그런 후 컨퍼런스에서 제자들을 격려한다
공부 좀 하라고
혹 열심히 하는 친구들이 있으면
입이 마르게 칭찬한다

그리고 제일 중요한 것
환자들 손잡아주며
힘내세요 힘내세요
내가 옆에 있을게요

왜 그러냐구

이것은 내가 할 수 있는 일이니까
나는 선생이라 불리우는
세브란스 병원의 의사이니까

당신의 사생활(?)은 어떠한가요?

3월의 차가운 봄기운이 아직은 얇은듯한 나의 자켓 안으로 스며들어왔다. 코트를 걸치기에는 애매한 날씨였다. 나의 첫 번째 인터뷰이를 만나러 가는 길이니 두툼한 옷으로 무장하기보다는 조금은 가벼운 옷을 입고 마치 봄을 마주하듯 그를 만나고 싶었다. 그날은 바로 『의사의 사생활』에 가장 첫 번째 인터뷰이가 되는 권용석 원장을 만나러 가는 길이었기 때문이다.

"안녕하세요. 권용석 원장님. 저는 『의사의 사생활』이라는 책의 집필을 맡은 박미정 작가입니다. 제 책은 특별한 취미를 가지고 계시는 의사 선생님들을 취재해서 의사로서의 삶과 그 속에서 취미가 가지고 있는 의미를 짚어 보는 책이에요. 권용석 원장님께서 제 책에 참여해 주신다면 정말 감사하겠습니다."

떨리는 마음으로 첫 번째 전화를 했던 2월의 마지막 날. 나의 제의를 거절하면 어쩌나 하는 우려와는 달리 권용석 원장은 너무나도 반갑게 나의 인터뷰 요청에 응해주었다. 첫 번째 인터뷰이를 너무 잘 만나게 된 탓인지 이후로 만나게 된 네 분의 의사 선생님들 모두 『의사의 사생활』이라는 책에 참여하는 것을, 아주 재미있고 행복한 작업이라 생각하고 함께 참여해 주셨다.

프라모델 조립을 취미로 하고 있는 정신건강의학과 전문의 권용석 원장은 진심으로 환자를 걱정하며 자신의 부족한 모습을 채우기 위해 노력하는 의사였다. 그런 권용석 원장 덕에 훈훈한 첫 번째 인터뷰를 마친 뒤 나는 비로소 긴장감을 풀고 고른 숨을 내쉬며 나머지 인터뷰 모두 순조롭게 마칠 수가 있었다.

두 번째 인터뷰이인 피부과 전문의 윤정희 원장을 만나러 그의 피부과를 찾았던 날도 기억이 선명하다. 분명 나는 피부과를 갔는데 그곳은 흡사 작은 갤러리처럼 스승 이두섭 화백의 그림과 윤정희 원장의 그림이 병원 벽 곳곳에 걸려있었다. 진료가 끝날 때까지 조금만 기다려 달라는 윤 원장과 인사말을 나누는데, 나는 이 인터뷰가 참 편안할 것 같다는 인상을 받을 수 있었다. 강원도 고성에서 나고 자란 윤 원장에게는 그만의 따스함과 편안한 느낌이 있었다. 그와 처음 만나 인터뷰를 하는 것인데도 마치 몇 번은 만났던 사람인 것마냥 느껴졌었다.

그 편안한 얼굴로 붓을 들고 있는 그는, 그림을 그리는 모습이 참 잘 어울린다는 생각을 갖게 하는 사람이었다.

세 번째 만났던 한의학 박사 정훈 선생은 내가 요 근래에 만나 본 사람 중 가장 멋진 청년이었다. 그의 한의학과 피아노에 대한 열정은 그 누구보다도 뜨겁고 강렬했다. 여성들은 남성이 열심히 일하는 모습을 보면 그 모습에 매력을 느낄 수가 있는데 아마도 정훈 박사를 만나 사랑에 빠지는 여성이라면 분명 그럴 것이라는 생각을 하게 했다. 하지만 요즘의 세련된 남자 같은 이미지를 가지고서도 실제로 타인을 대하는 정훈 선생의 태도는 참 순수하고 다정하다. 그만의 남성다운 멋짐과 인간적인 순수함을 무기로, 앞으로의 행보가 기대되는 한의사라 생각된다.

네 번째 만났던 가정의학과 전문의 김고은 원장을 만나고 돌아오던 길이 생각이 난다. 내가 사는 곳은 아직 날씨가 풀리지 않았는지 봄꽃이 피기 전이었는데, 김고은 원장을 만나고 돌아오던 길에 보았던 한남대교 하단에는 노란 개나리가 만개해 있었다. 이른 봄꽃처럼 아름다운 그녀는 남편을 만나 낮았던 자존감이 높아지고 여성으로서 사는 삶을 사랑하게 되었다고 했다. 그리고 그것을 바탕으로 의사로, 아마추어 발레리나로 사는 자신의 삶도 아름답게 가꿀 수 있었다고도 했다. 그렇게 말을 하는 모습이 너무 예쁘고 고와서 하마터면 여자로서 질투가 날 뻔했다. 차분한 말투로 조곤조곤 인터뷰를 이어 나가던 그녀의 모습은 안정된 사랑과 지속적인 취미생활이 한 여성의 인생을 아름답게 가꾸는 데 많은 도움을 주는구나, 라는 생각을 가지게 했다.

마지막 인터뷰이었던 연세대학교 세브란스 병원의 김기준 교수는 나에게 바닷속에서 아주 값진 보물을 발견한 것 같은 느낌을 주는 분이었다. 인터뷰를 하던 날, 김기준 교수를 따라 신촌 세브란스 병원의 곳곳을 돌아다니며 사진 촬영을 했는데, 엘리베이터 앞에 떨어진 휴짓조각을 스스럼없이 맨손으로 줍는 그분의 모습이 정말 인상적이었다. 사람을 살리는 귀한 손으로 바닥에 떨어진 더러운 휴지도 다른 이들보다 먼저 주울

줄 아는 사람. 평생을 쏟아 연구하고 가르친 모교의 병원을 아낌없이 사랑하는 그의 모습에서 나는 일하는 장년의 아름다움을 발견할 수 있었다. 늦은 저녁 시간까지 인터뷰해야 하는 내가 혹여나 배고플까 봐 병원에서 가장 맛있다는 식당의 도시락까지 준비하여 주신 그 세심함에도 나는 감동했다. 타인에 대한 사랑은 '공감'이라는 김기준 교수와의 인터뷰는 아마도 내가 살아가는 데 있어서 하나의 나침반처럼 여겨질 것 같다.

『의사의 사생활』이라는 책은 작가로서 내가 첫 출발을 하게 된 의미 있는 책이다. 십여 년 넘게 병원에서 직장생활을 하는 동안 내 안에는 '글을 쓰고 싶다.'라는 희망이 언제나 살아 숨 쉬고 있었고, 그 희망은 이 책을 통해서 빛을 보게 되었다.

처음, 이 책의 기획을 하고 지식공감의 대표님을 만나던 날 아침, 서울에는 눈이 참 많이 왔다. 평소 30, 40분이면 도착할 길을 나는 3시간이나 걸려 도착했지만, 우연히도 그날 이 책의 첫 출발도 하게 되었다. 마치 먼 길을 돌고 돌아 작가라는 이름으로 새로운 출발을 하게 된 내 인생처럼 이 책이 출발하는 모습도 나와 많이 닮아있었다.

『의사의 사생활』은 다섯 명의 의사들이 의사로서 살아가는 삶 속에 자신의 취미생활을 어떻게 즐기고 있는가, 그리고 그 의미는 무엇인지 생각하는 시간을 담고 있다. 이 책을 읽으시는 독자분들께서는 아마도 의사라는 직업에 관한 호기심을 가지고 읽게 되셨으리라 짐작해 본다. 그리고 이 책을 다 읽으신 뒤라면, 그들도 우리도 모두 평범한 한 명의 직업인이고 이 사회를 살아가는 구성원이라는 생각도 조금은 들었을 것 같다.

인간이 직업을 가진다는 것은 정말 아름다운 일이라고 생각한다. 우리가 일을 통해 얻는 것은 너무나 값지다. 그중 가장 값진 것은 직업 자체는 내 일상을 유지할 수 있는 경제적인 힘이 된다는 것이고 그것만큼 큰 의미는 아마도 직업을 통해 얻는 기쁨과 즐거움이라 할 수 있다. 하지만 그 일을 해나가며 우리는 수많은 난관을 만나게 된다. 그리고 그것은 우리에게 '스트레스'라는 이름으로 착 달라붙어 우리를 괴롭히기도 하고.

취미란, 그런 우리의 스트레스를 줄이는 데 가장 효자 노릇을 한다. 취미로 얻는 순수한 즐거움은 지친 뇌에 달콤한 망각의 기운을 불어넣어 준다. 취미생활을 영위하며 내 지침과 일상에서의 어려움을 잠시 잊고, 또 우리는 다시 힘을 얻어 내일 아침에도 일을 하러 나가는 것이다.

취미는 크게 세 가지 활동으로 나눈다. 관심이 가는 무언가를 모으는 수집적인 활동, 전신의 움직임을 요구하는 신체적인 활동, 다소 정적인 활동으로 손과 눈을 이용한 활동이다.

수집적인 활동에는 취미를 설명할 때 빼놓지 않고 과거에서부터 익히 들어왔던 우표 수집이나 요즘 세대의 새로운 수집으로 각광 받는 피규어 수집, 기타 특이한 물건이나 예술작품까지 모으는 다양한 종류의 수집이 존재한다. 과거와 달리 세대가 변하면서 일반인들은 잘 알지 못하는 특이하고 기이한 물건의 수집에도 많은 이들이 관심을 기울이는 것이 요즘의 세태이다.

신체적인 움직임을 요구하는 취미활동에도 아주 여러 가지 형태의 운동들과 춤 등이 존재한다. SNS에서는 다양한 신체적 활동들을 통해 건강하고 아름다운 몸을 만들어 타인과 공유하는 젊은이들이 넘쳐나고 있다.

정적인 활동이라 할 수 있는 손을 이용한 만들기와 그리기에 대한 활동도 여러가지 형태의 취미들로 생겨났다. 예를 들어 캘리그래피 같은 것은 1990년대에는 거의 존재하지 않았던 취미활동이었다. 그러나 지금은 캘리그래피에 대한 다양한 강좌와 정보를 일반인들도 쉽게 접할 수가 있다.

인터넷의 발달로 인해 우리가 다양한 취미를 즐길 수 있는 정보의 공유는 너무나도 손쉬워졌다. 어쩌면 나를 위한 취미는 모두 준비가 되어 있는지도 모르겠다. 때문에, 나의 호감도에 맞는 나만의 취미를 찾는 것은 그리 어려운 일이 아닌 것 같다. 만일 거창하게 시작하는 취미가 부담스럽고 어렵게 느껴진다면 지금 당장 내가 가장 편안함을 느낄 수 있는 자세로 바닥에 누워 숨을 쉬어보라고 권유하고 싶다. 그것에서부터 당신이

'순수한 즐거움'을 느꼈다면 아마도 지금 하고 있는 것이 당신이 시작한 첫 번째 취미가 될 것이다.

취미란 그런 것이다. 무언가를 즐기는 그 순간, 당신이 조금이라도 즐겁기만 하면 되는 것. 그것이 당신의 취미다.

이 책을 통해 아무쪼록 독자분들도, 자신의 인생을 함께할 좋은 취미를 가져보는 것에 관한 생각을 한다면 나는 이 책의 작가로서 참 기쁠 것 같다. 당신도 이곳에서 만났던 다섯 명의 의사와 같이 취미를 통해 스스로를 위로하는 삶에서 의미를 찾을 수 있다면 말이다.

초보 작가의 인터뷰에도 기꺼이 응해주셨던 다섯 분의 선생님께 진심으로 감사의 말씀을 전한다. 다섯 분의 인터뷰를 진행하면서 각기 다른 다섯 인생 속에 나 자신도 빠져들어 참 행복한 시간을 보냈다. 또한 각 분야별 칼럼으로 참여해 주신 훌륭하신 네 분의 전문가 선생님들께도 깊은 감사를 드린다.

글이 다 나오기까지 격려와 응원을 아끼지 않았던 사랑하는 가족과 친구들에게도 그동안 말하지 못했던 감사의 마음을 전한다. 더불어 끝까지 이 책의 방향성을 이끌어준 지식공감의 식구들과 대표님께도 감사를 드린다.

마지막으로 『의사의 사생활』의 작가로서 독자분들에게 한 가지 물음을 던지며 인사를 마치고자 한다.

"당신에게도, 당신의 인생을 함께할 동반자와 같은 취미가 있습니까?"

의사의 사생활

초판 1쇄 2019년 09월 06일

지은이 박미정
발행인 김재홍
디자인 이근택
교정·교열 김진섭
마케팅 이연실

발행처 도서출판 지식공감
등록번호 제396-2012-000018호
주소 경기도 고양시 일산동구 견달산로225번길 112
전화 02-3141-2700
팩스 02-322-3089
홈페이지 www.bookdaum.com

가격 13,000원
ISBN 979-11-5622-462-4 03190

CIP제어번호 CIP2019027730
이 도서의 국립중앙도서관 출판예정도서목록(CIP)은 서지정보유통지원시스템 홈페이지
(http://seoji.nl.go.kr)와 국가자료공동목록시스템(http://www.nl.go.kr/kolisnet)에서
이용하실 수 있습니다.